Espíritu Santo, tengo hambre de ti

CLAUDIO FREIDZON

Prólogo de BENNY HINN

GRUPO NELSON
Una división de Thomas Nelson Publishers
Desde 1798

NASHVILLE DALLAS MÉXICO DF. RÍO DE JANEIRO BEIJING

Caribe-Betania Editores es un sello de Editorial Caribe, Inc.

Una subsidiaria de Thomas Nelson, Inc.
Nashville, TN, E.U.A.
www.caribebetania.com

ISBN: 0-88113-855-X
ISBN: 978-0-88113-855-9

Diseño interior: *Grupo Nivel Uno, Inc.*

Impreso en E.U.A.
Printed in the U.S.A.
4ª Impresión

Dedicatoria

AL SEÑOR JESUCRISTO,
por salvarme justo a tiempo.

A MI ESPOSA BETTY,
por todos estos años de amor y apoyo incondicional.

A MIS HIJOS DANIELA, SEBASTIÁN Y EZEQUIEL,
por compartir nuestro ministerio a las naciones
y ofrendar parte de nuestro tiempo en familia.

Reconocimientos

A los pastores Marcelo Doynel y Sergio Marquet,
por la entrega y trabajo diario en la iglesia.

A los hermanos de la iglesia «Rey de Reyes»,
por el amor y la unidad en la visión.

Del diario de la Superintendencia de la Unión de las Asambleas de Dios en Argentina.

Abril de 1992:

Acabo de almorzar con el pastor Claudio Freidzon y su esposa. Me comentaron acerca de un mover del Espíritu Santo en su iglesia que para ellos es nuevo y a la vez maravilloso. Dicen que cuando caen al piso, otros se ríen. Estas y otras manifestaciones se producen en un marco de profunda adoración. Luego del almuerzo, quedamos en volver a encontrarnos.

Julio de 1992:

Pasaron cinco meses desde la última oportunidad que hablé con Claudio Freidzon. Hoy, jueves, decido concurrir a su iglesia con mi esposa Isabel para ver y juzgar lo que está pasando, pues han llegado a mi oficina tantas versiones sobre la iglesia Rey de Reyes que decido evaluarlo personalmente.

Dejamos el automóvil en un estacionamiento a cien metros de la iglesia. Cuando comenzamos a caminar en dirección al templo, notamos que las piernas nos temblaban. Creímos que tal vez sería una sugestión debido a los comentarios recibidos. Cuando entramos, al lugar estaba repleto de gente, y aún había gente en la vereda esperando ingresar. No había lugar para que entrase uno más. Un colaborador del pastor nos reconoció y nos llevaron a la primera fila en el ala derecha del auditorio. La gente estaba de pie, cantaba, saltaba y se abrazaban en unidad.

Cuando el pastor Claudio Freidzon preguntó: «¿Quieren recibir más?» Un «sí» partió de la gente como un estruendo de muchas aguas. Seguidamente el pastor declaró a viva voz «¡Reciban!», y la mitad de la congregación cayó al piso riendo, algunos con una expresión como de embriaguez.

Luego hizo pasar a la plataforma a unos cincuenta niños que estaban con sus padres en la reunión. Les preguntó: «¿Quieren recibir de Dios?» Contestaron con un «sí» muy fuerte. Cuando el pastor oró con las manos alzadas, todos los niños cayeron en la plataforma y quedaron como dormidos con una sonrisa en el rostro.

Yo no podía darle una explicación lógica a lo que sucedía, y oraba a Dios: «Señor, si esto es tuyo, házmelo saber». En este momento el pastor Claudio Freidzon comenzó a caminar y orar entre la gente. Al abrir los ojos vi que mi esposa cayó al suelo cuando el pastor Claudio Freidzon le puso la mano sobre la cabeza.

Seguidamente se acercó a mí, me abrazó y oró: «Padre, bendice a este siervo tuyo». En ese instante algo me cubrió desde la cabeza a los pies. Tuve una sensación de mareo agradable. Me sentí inundado por un gozo tremendo. Cuando abrí los ojos estaba recostado en el piso. Quise incorporarme, pero no pude y creo que tampoco deseaba hacerlo. Era tan precioso lo que estaba experimentando que no quería moverme para no perderlo.

Cuando salimos con mi esposa de la reunión teníamos una sensación de gozo tan grande que esa noche casi no dormimos. Aún en la cama oré en lenguas hasta la madrugada.

Septiembre de 1992:

Celebramos la segunda reunión con el presbiterio general donde uno de los presbíteros es el pastor Claudio Freidzon. Durante la reunión Claudio cuenta que algunos pastores del interior del país han tenido experiencias similares en sus iglesias al volver a sus provincias luego de participar de las reuniones. Esa noche la mayoría de los presbíteros se quedaron para participar en el culto de la noche en la iglesia del pastor Freidzon.

Al día siguiente, al reanudar la reunión del presbiterio, no hubo otro tema que las experiencias de cada uno de ellos en la reunión de la noche anterior: gozo, risas, unción, mareos... Contaron estas experiencias junto a doscientos pastores que también concurrieron.

Diciembre de 1992:

En la Conferencia Nacional Ordinaria de la Unión de las Asambleas de Dios en la ciudad de Mar del Plata fueron tantos los testimonios de los pastores que fueron ministrados por el pastor Claudio Freidzon que no podría enumerarlos todos. Escribo para la memoria sólo algunos, sin mencionar los nombres para no lastimar a nadie:

- Pastores bajo una depresión aguda fueron totalmente libres.
- Otros que estaban agotados, y a los que los médicos aconsejaban dejar el ministerio, fueron renovados por el Espíritu Santo y sintieron deseos de trabajar, como si recién empezaran a vivir.
- Ministros desanimados que por años no podían superar los sesenta o setenta miembros, que sus iglesias ahora tienen cuatrocientos o quinientos, y experimentan dones del Espíritu Santo en sus vidas. Se ven con un entusiasmo sorprendente. Los eventos en estadios, auditorios cerrados, predios se han llenado de almas con sed de Dios. Celebró una reunión en el Luna Park de Buenos Aires y se llenó dos veces. La gente que quedó afuera esperando era más que la que entró.

Calculamos que cincuenta mil personas se dieron cita para tener un encuentro con el Espíritu Santo.

Mi propio ministerio ha sido enriquecido por esta unción del Espíritu Santo que fluye a través del ministerio del reverendo Claudio Freidzon. Mi iglesia, de cuatrocientos miembros pasó a ochocientos cincuenta en sólo seis meses. Mis hijos fueron cambiados tremendamente. Dos de mis hijas, de quince y diecisiete años, fueron bautizadas en el Espíritu Santo y llamadas al ministerio. La mayor ingresó al seminario y la menor, que está terminando sus estudios secundarios, también quiere ir a prepararse.

Este cambio comenzó una noche cuando el pastor Claudio Freidzon oró por ellos. Mi hijo, de ocho años, al que le encanta el fútbol, abandonó las horas que pasaba jugando para estar en la iglesia. Lo veo orar y buscar a Dios como nunca. Agradezco a Dios por este ministerio precioso que cambia vidas, ministros, iglesias, y me animo a decir que afectará al país.

Mayo de 1993:

El pastor Claudio Freidzon está viajando por distintos países y llevando este ministerio de experiencias y frutos del Espíritu Santo. Ha visitado varias ciudades en Estados Unidos, Alemania, Canadá, España, Australia y otros países. Conozco a Claudio desde 1973. Desde su juventud buscó al Señor y decidió servirle. Su primer pastorado en un barrio de la Capital Federal fue muy difícil, pero el Señor lo guió y lo llevó al Barrio de Belgrano. Allí, el Espíritu Santo levantó a través de su vida una iglesia que supo ayunar, orar y lograr la comunión necesaria con Aquel que años después le daría su respaldo en un ministerio maravilloso.

Hoy este ministerio del Espíritu Santo está ganando miles de almas para el reino de Cristo, restaurando pastores, sanando enfermos, repartiendo dones, trayendo a las iglesias a los príncipes y reyes de los que habla el profeta Isaías: profesionales, empresarios, hombres y mujeres de negocios, funcionarios del gobierno, diputados, senadores, directivos en los medios de comunicación. Aún el presidente de la nación emplea textos bíblicos en sus discursos y termina disertaciones en público con un «Dios le bendiga».

Diciembre de 1993:

El pastor Claudio Freidzon fue invitado a ministrar en la Conferencia Anual General de la Unión de las Asambleas de Dios. Existía gran expectativa en los pastores. Al finalizar la conferencia, muchos pastores regresaron a sus iglesias con un nuevo sentir, una nueva visión. El Señor usó de veras al pastor Freidzon. Hemos aprobado su ministerio. La Unión de las Asambleas de Dios respalda su vida y su ministerio.

Personalmente, como superintendente de la Unión de las Asambleas de Dios me siento honrado de que el hermano Claudio nos represente en distintas partes del mundo, no solamente como pastor sino como argentino.

Dios bendiga su vida, familia e iglesia.

Pastor José Manuel Carlos

Contenido

Prólogo

Desde el primer momento en que vi a Claudio Freidzon, supe que había conocido a un hombre que tenía hambre de Dios. Visitó por primera vez Orlando, Florida, varios meses después que *Buenos días, Espíritu Santo* saliera en español. Me informaron que un ministro de Argentina estaba presente en la iglesia y había pedido que orara por él.

Durante el servicio del domingo en la noche, impuse mis manos sobre Claudio y oré que la unción del Espíritu Santo morara en su vida y ministerio, que Dios hiciera una gran obra a través de él en Argentina.

En los meses siguientes, comencé a oír grandes testimonios de amigos en el ministerio que hablaban de cómo Dios estaba usando a Claudio en grandes reuniones en Argentina. A la vez que presentaba un mensaje del poder transformador del Espíritu Santo en la vida de Claudio debido a su hambre espiritual, ahora impactaba a otros.

Mi próximo encuentro con Claudio fue en una de nuestras Cruzadas de Milagros en Estados Unidos, donde varios pastores de Argentina lo acompañaron. Esto volvió a ocurrir hasta que más de dos mil ministros de Argentina asistieron a las Cruzadas de Milagros en Estados Unidos para *ser testigos del poder de Dios* en acción.

R.A. Torrey dijo en una ocasión: «Antes de que alguien pueda entender correctamente la obra del Espíritu Santo, debe primero conocer al mismo Espíritu». Esto se ha hecho realidad en la vida de Claudio Freidzon. Me dijo que desde el momento que comenzó a leer *Buenos días, Espíritu Santo,* algo dentro de él gritó: «Espíritu Santo, tengo hambre de conocerte».

Claudio Freidzon conoce al Espíritu Santo y la evidencia de su relación con Él se ve en un ministerio ungido. No es sólo mi amigo. Claudio es un hombre de Dios que conoce la voz del Espíritu y ministra con poder y autoridad.

Las páginas de este libro contienen la historia de la búsqueda de Claudio por conocer al Espíritu Santo, junto con la satisfacción y comunión que vienen como resultado de tener una relación personal con Él. Su testimonio personal de su jornada para satisfacer esa profunda hambre interior te servirá de inspiración. Ese mismo poder transformador está disponible para ti también cuando invites al Espíritu Santo a tu vida diciendo: «Espíritu Santo, tengo hambre de ti».

Benny Hinn
Pastor del *Word Outreach Center*

Introducción

Hace algunos años Dios me desafió a vivir una nueva etapa en mi relación con Él. Mis ojos se abrieron a la realidad del Espíritu Santo como nunca antes. La «llave» que presentía me faltaba finalmente estaba en mi mano y ¡abría los tesoros del cielo! Mi relación personal con el Espíritu Santo pasó a ocupar el primer lugar en mi vida.

«Este culto fue tremendo», me decían los hermanos al finalizar la reunión. Pero en mi interior yo estaba insatisfecho. Corría a casa y me arrodillaba a orar: «Señor sé que hay más, que existen ríos y manantiales. Tengo hambre de ti, necesito conocerte más…» Y Dios me guió a esta nueva relación que hoy disfruto y en la cual deseo seguir creciendo.

Esta comunión con Dios cambió mi vida y mi ministerio. Fui transformado. La experiencia fue tan fuerte que durante noches enteras no dormía para estar con Él.

Aún hoy, su presencia me seduce de tal manera que cuido mis ojos y mi corazón para que nada lo aparte de mí. Cuando el Espíritu Santo nos llena todo es fresco y renovado. Dios busca un pueblo que tenga hambre del Espíritu Santo, pasión por conocerlo.

El apóstol Pablo vivió tremendas experiencias con el Señor, su ministerio palpó lo sobrenatural a diario. Sin embargo, su mirada y anhelo más profundo estaba en la misma persona de su Dios. ¡Su meta era conocer a Cristo! Y por esta pasión que lo consumía estaba dispuesto a dejarlo todo.

Esa misma pasión debe caracterizarnos a todos los cristianos a buscar el rostro de Dios. Debemos arder con el mismo fuego que ardía Pablo, en Jeremías, en Moisés... Hombres que no se sentían satisfechos consigo mismos. ¡Siempre querían más! Tenían hambre de Dios, anhelaban ver su gloria.

El pueblo de Israel caminó a la luz de la manifestación divina en forma poderosa. Sin embargo, en su peregrinaje en el desierto, no buscó a Dios para amarlo y obedecerlo. ¡Que diferente la actitud de Moisés! Mientras el pueblo clamaba: «Muéstrame tu gloria, quiero conocerte, te quiero a ti...» El Salmo 103.7 declara en cuanto a la revelación de Dios: «Sus caminos notificó a Moisés. Y a los hijos de Israel sus obras». ¿Se ha puesto a pensar por qué Moisés recibió este conocimiento y no el pueblo? Por una sencilla razón: Moisés lo pidió. Según Éxodo 33.13, clamó: «Ahora, pues, si he hallado gracia en tus ojos, te ruego que me muestres ahora tu camino, para que te conozca...» Y Dios lo hizo. El Señor está deseoso de revelarse de una manera gloriosa a nuestra vida, pero dependerá de nuestra hambre por el Espíritu Santo.

Es mi ferviente oración que al terminar la lectura de este libro surja en usted un renovado amor por Dios, un deseo insaciable de conocerlo y estar con Él. Y que también pueda exclamar desde lo más profundo de su ser: «Espíritu Santo, tengo hambre de ti», sabiendo que un nuevo tiempo ha comenzado.

Capítulo 1

PROVOCANDO LA MANIFESTACIÓN DE DIOS

Han pasado ya ocho años desde la publicación de este libro. La fidelidad del Señor ha sido grande. No hemos parado de oír y ver las maravillas de Dios. Su mano no se ha acortado. Este libro, que hoy está en tus manos, ha sido traducido a más de diez idiomas y cada año se realizan nuevas impresiones. Sucede que hay hambre de Dios en la tierra, pasión por conocerlo. Vivimos el tiempo que anunció el profeta: «*He aquí vienen días, en los cuales enviaré hambre a la tierra, no hambre de pan, ni sed de agua, sino de oír la palabra de Jehová*» (Amós 8.11). En todas las naciones hay un despertar a la realidad y obra del Espíritu Santo. ¡Gloria a Dios!

Este despertar lo he visto en mi propio ministerio a lo largo de estos años. El Señor nos levantó desde Argentina y comenzó a llevarnos a las naciones con un poderoso mensaje de restauración. Un mensaje que nos llama a volvernos a Él en el fuego del primer amor, a darle al Espíritu

Santo el lugar que le corresponde en nuestra vida, a levantarnos como los protagonistas del gran avivamiento. Desde entonces más de tres millones de personas han sido alcanzadas por nuestro ministerio a través de cruzadas y conferencias. Nuestra querida Iglesia *Rey de Reyes*, que hace ocho años tenía cuatro mil miembros, hoy cuenta aproximadamente con dos mil quinientas células y una membresía estable que ronda los veinte mil miembros. Cuando le damos lugar al Espíritu Santo, ¡Él glorifica a Cristo y nos entrega la tierra!

Pastores y laicos de todo el mundo han sido transformados por Dios en nuestras cruzadas. ¿Por qué? ¿Por méritos de un hombre? ¡No! Sólo porque hemos permitido a Dios actuar a través de nuestra vida. Hemos sentido hambre del Espíritu Santo, hemos golpeado, hemos buscado más y más de Él cada día, y Dios encontró un espacio para manifestarse. ¡Lo mismo puede suceder en su vida!

Recuerdo a un querido pastor del norte argentino, el pastor Jorge Ledesma. Hace unos pocos años atrás era sólo un laico consagrado, que deseaba hacer la voluntad de Dios en su vida. Trabajaba secularmente para un canal de televisión y colaboraba en su iglesia atendiendo una célula. Él asistió a nuestra cruzada en la ciudad de Resistencia, en la provincia de Chaco, y fue impactado por el poder de Dios. La unción del Espíritu Santo se derramó en su vida y fue llamado al ministerio. Hoy tiene la iglesia más grande de la ciudad con aproximadamente tres mil células. Cree y practica la comunión con el Espíritu Santo y está ganando ese territorio para Cristo. ¡Gloria a Dios!

Otro precioso hermano, el doctor David Remedios, hijo de cubanos y nacido en Estados Unidos, asistió a una cruzada que realizamos en Orlando, Estados Unidos, para unas siete mil personas. Yo nunca lo había visto en mi vida. En un momento de la reunión la presencia del Espíritu Santo llenó aquel lugar. Podíamos palpar la gloria del Señor y un espíritu de quebrantamiento y búsqueda espiritual embargaba los corazones. Bajé de la plataforma y comencé a caminar por los pasillos para orar por las personas. De repente lo vi, estaba bajo el poder de Dios. Le dije: «¿Quién eres?» Él me respondió: «Soy un cirujano». Yo le dije en el Espíritu: «Ahora Dios te dice que además de cirujano, eres un pastor». Y cayó tocado por el Señor. Al presente este querido hermano y amigo, considerado uno de los mejores cirujanos en su nación, pastorea una iglesia y lleva adelante un ministerio de poder. ¡El Espíritu Santo es el que transforma las vidas!

Así miles de pastores y laicos han sido renovados, sanados y restaurados, por la obra del Espíritu Santo. Sus vidas y ministerios fueron cambiados. Por eso he querido para esta nueva edición añadir este capítulo. Para decirle que la verdad de Dios no ha cambiado: Dios honra y bendice a los que lo buscan con un corazón sincero.

Esta fue mi experiencia. Todo lo que tengo tiene una sola razón: Tuve hambre del Espíritu Santo. No me contenté con lo de ayer. Busqué a Dios en mis desiertos. Busqué orar con los hombres de Dios que caminaban bajo la unción. ¡Golpeé las puertas de los cielos! Quise conocer a la persona del Espíritu Santo. Y, ¿sabe una cosa? Todavía tengo el mismo hambre, apenas he capturado un vaso de agua del gran océano de Dios.

Es necesario movernos en este sentido, provocar la manifestación de Dios en nuestra vida. Muchos creyentes están propensos a ver a Dios en su manifestación global, moviéndose en la generalidad, pero no en la intimidad de su comunión con Él o en su necesidad específica.

¿Cómo puede lograr que este Dios que hizo los cielos de los cielos, se manifieste a su vida, a su casa, y aún a lo profundo de su alma? ¿Cómo «provoca» a Dios para que Él se manifieste?

Este es el tema central de este libro y creo que debe ser la inquietud fundamental de todo hombre en la tierra.

PROVOCAMOS A DIOS CUANDO LO BUSCAMOS

Dice la escritura: «*Buscad a Jehová mientras puede ser hallado, llamadle en tanto que está cercano*» (Isaías 55.6). ¡Buscar! Nada provoca más a Dios que un corazón que lo busca. El problema es que no nos gusta buscar.

Recuerdo hace un par de años atrás un pequeño incidente familiar que me hizo reflexionar sobre este asunto. Estaba en mi casa preparándome para viajar a otro país a realizar una cruzada. Mi avión salía en pocas horas y ya teníamos que salir rumbo al aeropuerto. Estaba terminando de empacar mis valijas cuando noté que no tenía mi pasaporte. Y comencé a buscarlo... En mi escritorio, y no estaba... En mi maletín, y no estaba... Entre mis papeles, ¡y no estaba!... Para ese momento mi corazón ya latía muy fuerte. La hora iba pasando y perdería el avión. Todos comenzaron a buscar por todos lados abriendo cajones, mirando debajo de las camas... Finalmente Betty me preguntó: «¿Te fijaste bien en tu maletín?» «Sí, ya busqué allí», le contesté. Ella me dijo: «Déjame ver a mí». Seguramente has notado que las mujeres tienen un raro don para encontrar las cosas. Ellas tienen esa paciencia para buscar, para ver con calma, que no siempre nos caracteriza a los varones. Y así fue. Abrió mi maletín, lo revisó con cuidado, ¿y qué crees? Allí estaba mi pasaporte.

Algo me quedó en claro, no me agrada buscar, pero cuando uno encuentra lo que busca ¡valió la pena el esfuerzo y la dedicación! Cuanto más cuando se trata de buscar el rostro de Dios. Por momentos no queremos humillarnos para orar, no queremos pagar el precio de esperar sobre nuestras rodillas, pero cuando lo hacemos, ¡cuánta gloria nos es revelada! Conocemos a Dios ni más ni menos. Entablamos una relación personal con el Espíritu Santo.

Es cuando nos sentimos insuficientes para enfrentar la prueba, incapaces para crecer en el ministerio, que clamamos a Dios con una sed profunda. Como si alguien derramase un salero en nuestra lengua, así buscamos los ríos de agua viva. Y cuando usted comprende que esta sed es fundamental para experimentar su plenitud y su gloria, quiere tener siempre ese gusto a sal en su boca. Es como aquella persona que se acostumbró a comer con mucha sal, si no la tiene, ya no le sabe la comida. Así también, si gustó alguna vez su gloria, se hará dependiente de ella y no se conformará con menos.

He sentido a menudo esa sal en mi boca. Recuerdo hace muchos años, allá a comienzos de la década del ochenta, que luego que el Señor levantó al evangelista Carlos Annacondia como un canal de avivamiento en Argentina, una tarde lo fui a ver a su casa. Había quedado impresionado por la gracia de Dios en la vida de este siervo. Miles de personas se convertían en una sola noche en sus cruzadas y sucedían grandes milagros. Me había impactado su amor por las almas, su autoridad espiritual y cómo echaba fuera los demonios. Era ver las escrituras en acción. Iba cada noche para impregnarme de esa visión. Tenía sed de recibir ese avivamiento en mi corazón. Aquella tarde luego de tocar el timbre de su casa, le dije: «Hermano, quiero orar con usted. Quiero ese fuego espiritual que usted tiene».

Por aquel tiempo no tenía fruto en ministerio. Era un pastor sin ovejas. Pero Dios me visitó. Me mostró que la relación con el Espíritu Santo era la clave. Diez años después, con una realidad diferente, con una iglesia creciente y pujante, ¡otra vez se derramó el salero sobre mi lengua! Y esa insatisfacción, esa búsqueda, produjo en 1992 un mover increíble en nuestra vida y en nuestro ministerio. Encendió un fuego de avivamiento que se propagó a millones de personas en todas las naciones y aún continúa ardiendo.

Cuando nuestro corazón gime por su presencia, busca, golpea la puerta de los cielos. Cuando hay hambre, pasión por conocerlo... ¡provocamos a Dios y Él se manifiesta! Dios no puede resistir un corazón que lo busca.

PROVOCAMOS A DIOS CUANDO DEJAMOS UN ESPACIO VACÍO

Leemos en el libro de los comienzos, allí en Génesis 1.2: «*Y la tierra estaba desordenada y vacía, y las tinieblas estaban sobre la faz del abismo, y el Espíritu de Dios se movía sobre la faz de las aguas*».

Parecería que desde el inicio de la creación se nos muestra esta verdad: Dios busca un espacio vacío para manifestarse y llenarlo con su gloria. Allí donde está la necesidad, donde reina la confusión y el vacío, es donde el Espíritu Santo quiere actuar y hacer nuevas todas las cosas.

Hace unos días quedé impresionado con el testimonio de una mujer que llegó hasta la iglesia. Tenía apenas unos días de creyente y el Señor había hecho una obra tremenda en su vida. Poco tiempo atrás esta pobre mujer, en su desesperación y tristeza, había intentado quitarse la vida cortándose las venas. Días después se enteró que estaba embarazada y acordó con su marido que abortarían ese hijo, pues pensaban que no podrían mantenerlo. Fue en ese tiempo que unos hermanos la invitaron con su esposo a una célula evangelística de nuestra iglesia donde, sin entender demasiado, aceptaron al Señor y recibieron oración por su familia. Oraron para que el Señor cubriese con su sangre a ese matrimonio y a sus hijos. ¡Pero ella no sabía que esa oración también estaba alcanzando al hijo que llevaba en su vientre! A los pocos días el jefe de su marido le prestó el dinero para hacerse el aborto y ella se dirigió a ver a un médico dispuesta a realizarlo. Pero cuando llegó al lugar no encontraba la dirección exacta. Se cruzó a la vereda de enfrente para mirar las casas desde otra perspectiva y cuando estaba en eso una voz le vino a su corazón: «La célula». Y ella entendió lo que estaba pasando. Volvió a su casa y le contó a su esposo la experiencia. El Espíritu Santo estaba tratando con ellos. Decidieron ir a un retiro de la iglesia donde Dios se manifestó a sus vidas con poder rompiendo las cadenas y afirmándolos en la verdadera fe. Fue allí donde le pidió perdón a Dios por sus pecados y aún le pidió perdón a ese pequeño bebé que estaba dentro de ella. ¡Porque allí donde hay desorden y vacío es donde Dios se quiere manifestar!

El primer milagro de Jesús fue realizado en una boda, en Caná de Galilea. Dice la Biblia: «*Y faltando el vino, la madre de Jesús le dijo: No tienen vino*» (Juan 2.3). Allí estaba la necesidad. Allí el espacio vacío para que Dios intervenga. Y ante el pedido de su madre, Jesús transformó dos tinajas de agua en el mejor vino. Tinajas que antes estaban vacías. ¿Puede comprenderlo? Jesús es atraído por la necesidad y su Santo Espíritu está pronto a llenar con su presencia al corazón que lo busca.

Un corazón quebrantado, humillado, es un espacio vacío para la obra del Espíritu Santo. Un corazón que gime por su auxilio enternece a Dios y lo mueve a actuar poderosamente.

Dios mira de lejos al altivo. Al que se siente satisfecho con lo poco alcanzado, no le puede mostrar su gloria. Él necesita un espacio vacío, alguien que diga: ¡Señor, te necesito, tengo hambre y sed de ti! Y el Espíritu Santo se moverá como en el Génesis para crear algo nuevo en tu vida.

PROVOCAMOS A DIOS CUAND LE ADORAMOS

Un corazón adorador «provoca» a Dios a manifestarse. Él no puede resistirse cuando un hijo le adora con frescura y sinceridad.

La adoración es mucho más que cantar. Dice Isaías 42.10: «*Cantad a Jehová un nuevo cántico, su alabanza desde el fin de la tierra...*». Estamos hablando de elevar un cántico nuevo, un cántico espontáneo que surge como consecuencia de un renovado amor por el Señor.

Cuando el Espíritu Santo llena una vida, cuando entablamos una relación profunda e íntima con Él, descubrimos la verdadera alabanza. Muchos hoy están alabando a Dios con un «cántico viejo». Su alabanza se ha vuelto rutinaria, no adoran con frescura y emoción. ¡Necesitan un cántico nuevo!

La adoración es entrega, la adoración es sacrificio de amor. Es un estado del corazón. Es el alma que se rinde a Dios en gratitud, en un sincero primer amor que nunca se apaga ni mengua. Es la respuesta natural de nuestro corazón cuando vemos que el Señor sigue haciendo milagros y maravillas en nuestra vida. ¡Dios no puede resistirse a un verdadero adorador!

Jesús dijo: «*Mas la hora viene, y ahora es, cuando los verdaderos adoradores, adorarán al Padre en espíritu y en verdad; porque también el Padre tales adoradores busca que le adoren*» (Juan 4.23).

Esta es la hora del Espíritu Santo. Es el tiempo de levantarnos para buscar su comunión y adorar al Padre con sinceridad y amor.

¿Quiere que Dios se manifieste en su vida? Entonces debe provocar esa manifestación a través de su búsqueda, de su oración. Creando un espacio en su corazón donde Él pueda glorificarse. Y siendo un verdadero adorador.

Desde que este libro fue publicado he recibido por muchos medios, innumerables testimonios de vidas que han sido transformadas al leer estas páginas. Cuando realizo una cruzada en cualquier parte del mundo, casi siempre se acerca algún hermano a contarme cuánto le impactó este libro. Este humilde testimonio ha inspirado a muchos siervos de Dios a entablar una nueva relación con el Espíritu Santo y ha sido usado por Dios como «una llave» para un nuevo tiempo en la vida devocional y ministerial. Es mi deseo que lo mismo suceda con usted. Que entre a una nueva dimensión gloriosa en comunión y amistad con el Espíritu Santo.

¡Este es el tiempo!

CLAUDIO FREIDZON
Buenos Aires, 20 de octubre de 2004.

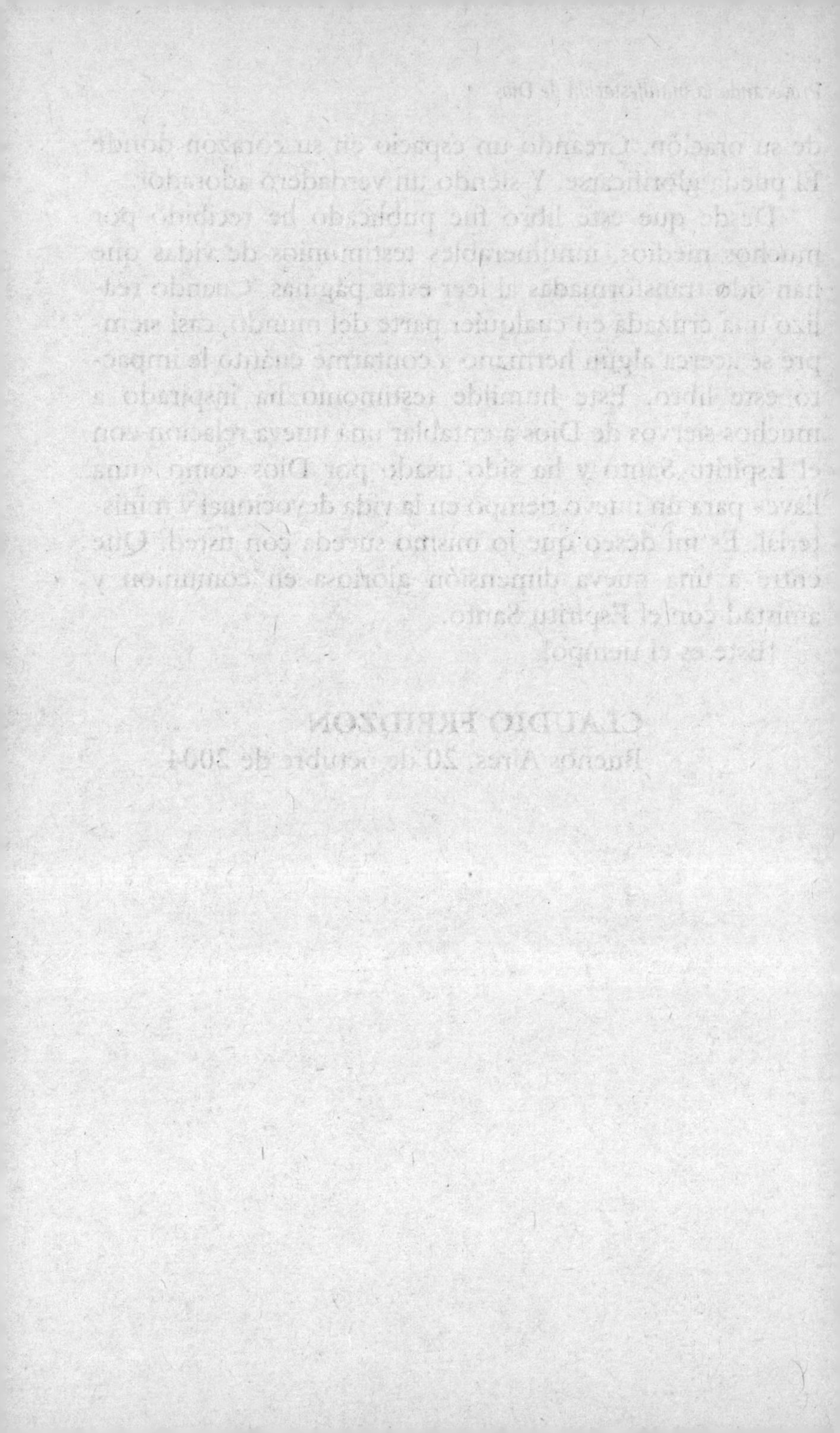

Capítulo 2

EN LA ESCUELA DEL DESIERTO

El estadio del Club Atlético Vélez Sarfield es una imponente masa de cemento que se yergue en un pintoresco barrio de Buenos Aires llamado Liniers. Es una zona populosa de gran movimiento comercial y de transportes que entran y salen de la Capital Federal hacia localidades del conurbano. Este estadio fue refaccionado y ampliado con motivo del campeonato mundial de fútbol de 1978 para albergar cómodamente las actuales sesenta y cinco localidades. Nunca imaginé que aquel lugar representaría un hito histórico dentro del plan de Dios para mi vida. La tarde del 9 de abril de 1993 se vería desbordado en su capacidad por más de sesenta y cinco mil personas convocadas por el Espíritu Santo para celebrar una fiesta espiritual sin precedentes.

Era un viernes de Semana Santa. Tuvimos que trabajar mucho para llegar hasta ese momento, y recuerdo en particular algunas dificultades que debimos superar. A sólo una semana de la fecha en que debía comenzar la

Cruzada, ya con toda la publicidad realizada, las autoridades del club Vélez Sarsfield nos modificaron la fecha para el día siguiente. Un cambio de último momento en la asociación del Fútbol Argentino había dispuesto que se jugaran los partidos de fútbol el mismo día que nosotros teníamos la Cruzada.

En mi corazón había una lucha interior. ¡Sólo una semana para avisar a todo un país la nueva fecha! Inicialmente no habíamos considerado oportuno hacer la Cruzada un viernes santo, porque normalmente las iglesias organizan sus propias actividades especiales, pero ya no teníamos alternativa, excepto de cancelarlo todo. Era un paso de fe, pero el Espíritu Santo me animó para seguir adelante.

Por fin llegó el día. A pesar de estar en pleno otoño, el clima era inmejorable. Dios nos había regalado un día primaveral.

A las 14.30 horas, llamé a uno de mis colaboradores y le pregunté: «¿Cómo está todo, cuánta gente hay?» Él me dijo: «Estupendo, vienen multitudes». Decía eso porque lo miraba con fe. Cuando preguntaba a otros, recibía otro informe bastante desalentador. Pero los valientes miran con los ojos de la fe y proclaman que es una realidad aquello que Dios ya les habló al corazón: «Creí, por lo cual hablé» (2 Corintios 4.13). ¡Y las multitudes venían! De todo el país llegaban autobuses con pastores y congregaciones enteras. Habían cancelado sus actividades para unirse a nosotros en una celebración inolvidable.

La gloria de Dios llenó aquel lugar, y fueron tremendas las cosas que hizo el Señor: milagros, sanidades, manifestaciones del Espíritu Santo. Fue una fiesta hermosa, seis horas intensas bajo la Gloria de Dios. En aquel día de otoño, con una temperatura primaveral, fuimos conmovidos por Dios en un maravilloso clima de unidad.

Cuando yo era niño soñaba con ser jugador de fútbol profesional. Muchos consideraban que tenía «pasta» para ser jugador, y yo me animaba con el sueño de triunfar en el campo deportivo.

Aquel 9 de abril, y superando abismalmente cualquier sueño infantil, me encontraba caminando el césped de aquel estadio ante una multitud increíble de más de sesenta y cinco mil personas que adoraban a Dios de una manera gloriosa. Estaba «jugando» el partido más maravilloso como siervo del Señor, ¡con altísima responsabilidad de hacerle unos cuantos goles al diablo!

Cuando Dios le da algo a algún hombre... muy pocos nos detenemos a pensar en su pasado... Suele haber profundas raíces detrás de los árboles más frondosos.

Caminaba bajo aquel cielo radiante y observaba a miles de pastores y obreros del Señor con sus manos en alto bebiendo del Espíritu Santo, y sólo podía decir:

¡Gracias Señor, esta es tu celebración!

Y luego los impactantes testimonios de sanidad. Y las tribunas enteras que eran conmovidas por el Espíritu Santo que llenaba los corazones.

Todos teníamos una conciencia clara de que estábamos allí para encontrarnos con Él, unidos para celebrarlo. Fueron horas enteras de profunda adoración...

Créame, nunca imaginé vivir aquello... Era tocar el cielo con las manos... sencillamente ...¡impresionante!

Los planes de Dios son sorprendentes. Además de esta reunión en el estadio Vélez Sarafield, el Señor preparó numerosas cruzadas de avivamiento y milagros en diferentes partes del mundo.

En El Salvador, con una gran presencia pastoral apoyando el evento, setenta y cinco mil personas participaron de nuestra cruzada en dos tardes inolvidables.

En Miami, en un marco de unidad maravilloso, doscientos pastores apoyaron una cruzada en el estadio Orange Bowl de la ciudad. En cuatro días de reunión, un total de ochenta mil personas se congregaron para buscar la fresca unción del Espíritu Santo. Jamás olvidaré aquellos días en Miami. Nos gozamos al ver muelas empastadas, ¡reparadas por el Señor! Un joven drogadicto que había rendido su vida a Jesucristo, con lágrimas en los ojos dijo en la plataforma: «Sé que en este lugar está mi madre, y quiero públicamente pedirle perdón por todo el daño que le he causado». Fue conmovedor ver a esa madre y a su hijo abrazados.

Recientemente cuarenta mil personas, en dos días, colmaron la Plaza de Toros Monumental de Madrid. Fue la primera vez que se leyó la Palabra de Dios en esa famosa plaza de toros.

¡Podría mencionar tantos lugares donde hemos visto la gloria de Dios! Asunción, Berlín, Stuttgart y Ludenscheid (Alemania), Budapest, Viena, Montevideo, San Francisco, Los Ángeles, Dallas, Nueva York, Toronto, casi todas las provincias de Argentina. En sólo tres años, ¡más de ochocientas cincuenta mil personas han participado en nuestras cruzadas! Dios nunca deja de asombrarnos.

Sin embargo, en mi ministerio no todos los momentos han sido gloriosos. Cuando Dios le da algo a algún hombre y vemos que lo levanta y lo honra, muy pocos nos detenemos a pensar en su pasado, en el precio que ha debido pagar para estar allí. Suele haber profundas raíces detrás de los árboles más frondosos.

Yo quiero hablarle de mis raíces, de mis fracasos, de todo lo que debí recorrer y aprender en la hermosa escuela del Espíritu Santo. Le anticipo que luego de leer este capítulo usted no será la misma persona. Se postrará sobre su rostro y alabará a Dios por lo que está viviendo.

Créalo, porque es un mensaje de Dios para su vida.

«Señor, si realmente existes...»

Dirigí estas palabras a Dios una tarde inolvidable en un lugar solitario de las afueras de la ciudad. Fue la oración que cambió mi vida. Pero comenzaré mi historia un poco antes.

Poco a poco fui cediendo al Espíritu Santo

Cuando sólo tenía nueve años, entré en una iglesia evangélica. Nunca lo olvidaré. Un pastor se acercó a mí y me dijo: «Tú vas a ser pastor como yo».

Un frío helado recorrió mi espalda. Lo miré aterrorizado y pensé: «¡Jamás!» Yo quería ser jugador de fútbol, y si tenía que ser otra cosa en la vida, el pastorado sin duda iba a estar en lo último de mi lista. Con mis nueve años no entendía de diferencias teológicas. Para mí era una misma cosa. Salí traumatizado de aquella iglesia.

Un día mi madre se convirtió a Jesucristo. Yo era muy joven. Ella había estado destruida, sumida en depresión por la muerte de su madre. Aquel día, sin embargo, la ví llegar radiante de la iglesia. Me dijo: «Claudio, Cristo me salvó. Ahora soy cristiana, tienes que venir conmigo a la iglesia».

Imagine mi respuesta: «¡Ni loco me vas a obligar!» Pero ella no protestó. Se limitó a doblar sus rodillas y clamar por mi salvación. Finalmente, y con algunas reservas, accedí a la invitación. Resoplando por lo bajo, ingresé un domingo a aquella pequeña iglesia. Me senté lo más atrás que pude, dispuesto a salir corriendo justo antes que terminara todo, o antes si fuese posible. Ni bien pisé el umbral, aproximadamente sesenta personas (casi toda la congregación) se dieron vuelta para observarme.

En aquellos años las iglesias eran muy pequeñas y difícilmente superaban los cincuenta miembros. El crecimiento era muy lento, y la llegada de una persona nueva era todo un acontecimiento. Todos los ojos se centraban sobre mí. Inmediatamente, se fueron acercando a saludarme, demostrándome gran afecto. «¡Hipócritas!», pensé, «quieren atraparme».

En verdad, tenía un corazón muy duro. Aún así seguí asistiendo. Los jóvenes de la iglesia procuraban integrarme y me invitaban después del culto a jugar ping pong con ellos. Yo les decía: «No gracias, el mundo me espera»

Pero mí la vida se resumía en pocas actividades: estudiar y trabajar, salir el fin de semana con mis amigos a divertirnos y hablar toda clase de incoherencias, ir tal vez los domingos a un estadio de fútbol, y luego deprimirme porque comenzaba otra semana de actividades. ¡Eso sí que era mundo!

Mi madre derramó muchas lágrimas en oración por mi salvación. ¡Cuán verdadera es la promesa del Salmo 126.5!

«Los que sembraron con lágrimas,
con regocijo segarán».

Poco a poco fuí cediendo al Espíritu Santo. Había algo que sí me atraía en la iglesia. Era el gozo que percibía en los rostros de los hermanos, esa mirada de paz que tenían. No lo encontraba en otras personas, también mi escepticismo inicial iba cediendo, pues comprobaba que el amor que los unía era sincero.

En una tarde mi vida fue cambiada radicalmente.

Había ido a trabajar normalmente a la oficina donde me desempeñaba como empleado administrativo. Ingresé en aquella empresa bien abajo. Todos me mandaban de aquí para allá, a hacer todo tipo de trámites. Luego me ascendieron, me dieron mi escritorio y la situación laboral mejoró sustancialmente. Pero aquel día, al entrar a trabajar tuve la mala noticia que el muchacho que hacía los trámites por la ciudad había faltado, ¡y que yo debía reemplazarlo!

Salí a la calle bajo la lluvia, respirando amenazas. Tenía que hacer un cobro en un lugar en las afueras de la ciudad, donde todo comienza a ser campo abierto.

Estaba enojadísimo, con mi orgullo herido por la situación. Cuando llegué a aquel lugar la encargada de pagos me dijo: «El dinero todavía no está, debes venir dentro de tres horas». ¡Tres horas! Y en medio del campo. Ignoraba que Dios había preparado ese momento para tener un encuentro a solas conmigo.

Al principio comencé a dar vueltas sin rumbo fijo. Todavía tenía ánimo para quejarme y lamentarme. Luego, y poco a poco, el Espíritu Santo me llevó a mirar hacia el cielo y hacer una oración.

Algo necesitaba cambiar en mi vida y yo lo sabía. Dije sinceramente: «Señor, si realmente existes, si es que todo lo que he escuchado y leído en tu Palabra es verdad, entra a mi corazón, yo quiero cambiar, quiero tener una vida nueva...» Y añadí inmediatamente: «Pero no quiero ser sólo un religioso».

En mi paso por la iglesia había notado esta clase de gente, y yo no quería saber nada de eso. Yo le dije: «Si me das la oportunidad de conocerte, es para servirte. Si no, prefiero ser mundano.

En ese momento la gloria de Dios vino sobre mí. Sentí un viento que me golpeaba el rostro y el Señor Jesucristo que venía a mi corazón como Señor y Salvador.

Reía y saltaba por la calle, miraba los árboles y exclamaba: ¡Qué hermosos! Le daba gracias a Dios por la naturaleza, por todo. Sentía la vida de Dios en mí. Estaba feliz, experimentando verdadera paz.

Habían pasado las tres horas, y fui a hacer mi cobro completamente transformado. Al subir al transporte que me traía de regreso a la oficina saludé con un afecto poco usual al chofer: «¡Muy buenas tardes señor chofer!» Él me miró extrañado. Acostumbrado a recibir un trato que iba de lo indiferente a la agresión, me miró pensando que estaba loco. Yo estaba en la gloria, quería de alguna manera manifestarle a otro lo que estaba viviendo.

Aquel día había salido de la oficina destruido, sin ninguna meta para mi vida. Ahora regresaba con un solo propósito: conocer a Jesús y servirlo. ¡Gloria a Dios! Desde aquel día no me he soltado de su mano.

En la próxima reunión en la iglesia me encontraba sentado en la primera fila, levantando mis manos al cielo. Nadie podía creerlo. El pastor, acostumbrado a verme en la última fila de bancos, indiferente a todo, era el más sorprendido.

Desde el momento de mi conversión tomé una decisión de profundizar en el río de Dios. Nunca quise quedarme con la conquista del ayer sino seguir avanzando en su voluntad y tomar todo lo que Él ha preparado en su maravilloso plan.

Por supuesto que ello no me iba a eximir de atravesar algunos desiertos en mi formación.

El desierto

El desierto en la Biblia se relaciona con el tiempo de la preparación. Son momentos de riquísimas enseñanzas vivenciales que nos preparan en lo íntimo para llevar adelante la conquista, el ministerio.

En el desierto de la prueba, Dios trata con nuestro carácter.

Deuteronomio 8.2-3 dice: «Y te acordarás de todo el camino por donde te ha traído Jehová tu Dios estos cuarenta años en el desierto, para afligirte, para probarte, para saber lo que había en tu corazón, si habías de guardar o no sus mandamientos.

Y te afligió, y te hizo tener hambre, y te sustentó con maná, comida que no conocías tú, ni tus padres la habían conocido, para hacerte saber que no sólo de pan vivirá el hombre, más de todo lo que sale de la boca de Jehová vivirá el hombre».

Este es un texto profundo. Nos enseña importantes verdades sobre la Escuela del Espíritu Santo, especialmente los «para qué» de las pruebas, el propósito de Dios al llevarnos al desierto.

¿Cómo nos enseña Dios? A través de las circunstancias de la vida. En ellas somos formados, purificados y fortalecidos en la fe.

Antes de conocer al Señor las circunstancias nos derrotaban, nos aplastaban sin misericordia. No veíamos ningún propósito claro detrás de ellas, excepto nuestra destrucción. Ahora la Biblia declara:

> *«Y sabemos que los que aman a Dios, todas las cosas les ayudan a bien, esto es, a los que conforme a su propósito son llamados»* (Romanos 8.28).

A veces interpretamos mal este texto, y pensamos que todo me ayudará a bien de acuerdo a «mi propósito», pero aquí no nos dice eso. El Señor afirma que todo saldrá bien de acuerdo «a Su propósito». Pero debemos tener presentes las palabras de Isaías 55.9 «Como son más altos los cielos que la tierra, así son mis caminos más altos que vuestros caminos, y mis pensamientos más que vuestros pensamientos».

El propósito de Dios para mi vida se aclara en el versículo siguiente:

«Porque a los que antes conoció, también los predestinó PARA QUE FUESEN HECHOS CONFORME A LA IMAGEN DE SU HIJO, para que Él sea el primogénito entre muchos hermanos» (Romanos 8.29).

Dios promete a los que lo amamos que, en toda circunstancia que nos toque vivir, Él va a ser glorificado, imprimiendo su imagen (su carácter, su santidad) en nosotros y extendiendo su Reino.

Mis planes, mis proyectos pueden fracasar, pero los de Dios jamás: «El que comenzó en vosotros la buena obra, la perfeccionará hasta el día de Jesucristo» (Filipenses 1.6).

En el desierto de la prueba, Dios trata con nuestro carácter. Son tiempos de quebrantamiento para que de nuestro interior se libere el precioso perfume del Espíritu.

Deuteronomio 8.2 dice categóricamente: «Y te acordarás de todo el camino por donde te ha traído Jehová tu Dios estos cuarenta años en el desierto». Pero hubo momentos en la vida en los que me consideraba un fracasado, un desdichado, y tenía mucha lástima de mí mismo. Fueron tiempos tan duros, que humanamente eludiría recordarlos.

Sin embargo con el correr de los años, Dios me ha hecho ver el valor de aquellos momentos. Puedo recordarlos como hermosas lecciones de Dios para mi vida, y darle gracias al Señor por ellos. Ahora sé que el fracaso también es parte del éxito.

Cuando me gradué del seminario tenía el ímpetu de todo joven. Yo decía: «Cuando tenga la oportunidad voy a predicar y Argentina va a saber quién es el pastor Freidzon». En aquel tiempo, un misionero me ofreció su apoyo para comprar una propiedad y abrir una iglesia en un pequeño barrio de hermosas casas y calles circulares de la Ciudad de Buenos Aires, llamado Parque Chas.

Cuando llegué al lugar con mi esposa, vimos una plaza con muchos jóvenes y niños, y comenzamos a planificar una campaña evangelística. Le dije a Betty:

«En dos o tres meses sacudimos el barrio».

Corría el año 1978 y el país estaba muy cerrado al evangelio, pero yo creía que lo podía lograr. Oraba a Dios: «Señor, yo no sé cuántos se han graduado en este seminario, pero yo salgo para conmover este país con el evangelio».

Pusimos sillas en aquella plaza y empezamos a predicar, y muy pronto mis sueños de éxito tocaron tierra.

Ni siquiera *una* persona se acercó para oír. Las sillas permanecieron vacías día tras día.

Alguien nos sugirió: «¿Por qué no pasan una película?» Nos pareció buena idea, y esta vez logramos captar la atención de los vecinos. Se acercaron unas ancianitas de alrededor de noventa años y se sentaron en la primera fila. Algunos vecinos más observaban con interés. Esto nos reanimó. Eran hermosas películas, que al finalizar me daban la oportunidad de prender las luces y predicar a los asistentes. Entusiasmado, y con mi Biblia en la mano esperaba el gran momento.

La película terminó y cuando prendimos las luces... ¡Sorpresa! ¡Todos salieron corriendo, excepto las pobres abuelitas que no tenían capacidad física para escabullirse! Me sentía realmente frustrado.

Busqué alternativas. No nos daríamos por vencidos. Después de analizar la situación, mi esposa y yo consideramos que tal vez yo no había sido lo suficientemente rápido para subir a la plataforma una vez terminada la película. Entonces ensayamos nuestro plan en casa: me escondería detrás de un árbol con el micrófono en la mano encendido, apenas terminase la película mi esposa prendería las luces, y yo saltaría de detrás del árbol a la plataforma ¡y les predicaría un mensaje de poder!

Muchas personas se habían reunido esa noche. Yo estaba en posición con el micrófono en la mano, y en el momento en que se encendieron las luces, pegué un gran salto arriba de la plataforma y grité: «¡No se vaya!»

¿Sabe qué ocurrió? Todo el mundo se fue corriendo en mi propia cara. Fue realmente cruel. El Señor estaba tratando a fondo con mi orgullo.

Después de tres meses, mi congregación estaba compuesta por mi querida suegra, mi suegro, mi esposa y tres abuelitas. Estas ancianitas me trataban más como a un nieto que como a un pastor, y me animaban con todo su afecto. Hoy están con el Señor.

Luego necesitamos comprar el edificio donde funcionaría la iglesia. Se encontraba casi enfrente de aquella plaza.

Parque Chas es una zona residencial, y en medio de aquel barrio había una casa de la cual todos decían: «¿Cuándo va a desaparecer?... ¿Cuándo la van a cambiar o remodelar?», porque era una casa vieja y destruida. Grande fue la sorpresa de los vecinos cuando pasaron por la puerta y leyeron un cartel que decía: «Iglesia Evangélica». Nuestro presupuesto no había dado para más.

La casa no tenía agua caliente en el baño, y por años debimos bañarnos calentando el agua en ollas. Contaba con una sola habitación disponible que durante el día era el salón de la iglesia. Colocaba las sillas y el púlpito, y efectuaba el culto, a veces predicándole sólo a mi esposa. Durante la noche sacaba las sillas y ponía la cama, la cuna de los chicos, y todo lo que teníamos para vivir. Así empezamos.

Nada parecía salir bien en aquellos tiempos. Tenía una heladera que en vez de enfriar, ¡calentaba!

Mi situación económica era deplorable. Trabajábamos secularmente para compensar la situación, pero muy poco dinero ingresaba. Me avergonzaba por no poder darles un sustento digno a Betty y los chicos.

Estaba enojado con todo el mundo porque consideraba que los demás se habían olvidado de mí y eran los culpables de mi situación. No entendía que Dios me quería enseñar a depender sólo de Él.

Pero tal vez lo que más me dolía era ser un pastor sin ovejas. Durante siete años mi congregación no superaba siquiera mi esposa. A veces venían pastores amigos a presenciar el culto y me encontraban sólo. Sentía ganas de morir, de desaparecer. Me consideraba una víctima... Caminaba entre los bancos vacíos y el diablo saltaba riendo a mi alrededor y me susurraba al oído: «No sirves, jamás vas a progresar, esto siempre será así». Y lamentablemente le creía. Un día pensé: «Esto no es para mí. Voy a renunciar al pastorado. Voy a continuar mis estudios de ingeniería y buscarme un empleo». Pero íntimamente sabía que ese no era el plan de Dios.

Fui a ver al superintendente de mi organización para entregarle mis credenciales. Todavía tenía mucho orgullo, y me sentía frustrado, y prefería no formar parte de un cuerpo donde otros progresaban y yo no. Estaba humillado y herido. En mi corazón, estaba enojado con todo el mundo porque consideraba que los demás se habían olvidado de mí y eran los culpables de mi situación. No entendía que Dios me quería enseñar a depender *sólo* de Él.

Llegué a la sede central de las Asambleas de Dios y pedí una entrevista urgente con el superintendente. Inmediatamente, me hizo pasar y me senté delante de él en su escritorio. Me dijo: «Hace rato que no te veo». Era verdad. No iba a reuniones de pastores porque me sentía menos y no quería que se enterasen de cómo marchaba mi iglesia. Mi crisis interna me llevaba a aislarme, a huir de la gente.

(Nunca haga esto en medio de la prueba). Busque la comunión de la iglesia. No se recluya a decir: ¡Pobrecito de mí! Tal vez note que todos progresan y a usted pareciera irle de mal en peor. Y usted dice: «Cómo es posible, he entregado mi vida a Cristo, y mi familia, mi ministerio, mi trabajo, no progresan». Desde tomarse de Jesucristo y creer que Él tiene un plan precioso para su vida, que será cumplido (aunque todo el infierno se oponga.)

Aquel día el superintendente comenzó a hablar antes que le contase el motivo de mi visita: «Claudio, tengo algo que decirte. Dios tiene algo glorioso para ti. Tú no lo ves, pero Dios te usará grandemente». Este hombre no era de andar diciendo esta clase de cosas habitualmente. Continuó: «Mira, yo comencé en una casa muy precaria y no tenía ayuda de nadie. A veces, ni siquiera tenía para comer y sufría mucho. Pero oramos y Dios nos proveyó cada día y fuimos agradecidos. Sabía que estaba en la voluntad de Dios. Y cuando pienso en ti, Claudio, sé que vas a ser útil a Dios y que estás en su voluntad. No sé cuáles serán tus problemas, pero tú sigue adelante». Luego añadió: «A propósito, ¿qué te traía por aquí...?»

Guardé mi credencial en el bolsillo, y le dije: «Bueno... nada en particular, sólo pasaba para compartir un momento con usted». Ya no tenía nada que decir.

Necesitaba la unción para quebrar los corazones endurecidos, la unción que rompe las cadenas del diablo y hace resplandecer la luz de Cristo.

Cuando llegué a casa, Betty estaba llorando, le dije: «Betty, seguimos». La abracé fuertemente, y volvimos a empezar.

Todo plan o propósito que Dios tiene con nuestras vidas, conllevan un proceso espiritual, trato de Dios con el hombre. Esos años de derrota me llevaron a darme cuenta que todo lo que intenté realizar por mí mismo fue en vano. Dios me mostró que mis capacidades, mi preparación teológica, eran insuficientes. El mundo no necesita teología. El mundo necesita vida. Desde aquel momento, surgió en mí una sed y hambre de poder, un deseo de conocer al Espíritu Santo. Necesitaba la unción para quebrar los corazones endurecidos, la unción que rompe las cadenas del diablo y hace resplandecer la luz de Cristo.

Las pruebas son un medio para un fin glorioso. De buena gana deberíamos gozarnos en la fe por las victorias que vendrán.

Todo tiene un propósito. Las cosas no suceden por casualidad. Dios es eterno, es nuestro Padre, y Él es quien nos prepara para que le seamos agradables y útiles. Las luchas y dificultades son parte de este proceso espiritual.

Por ello dice la epístola de Santiago que debemos tener por sumo gozo cuando nos hallemos en diversas pruebas (Santiago 1.2), y también leemos en Isaías 54.1:

> *«Regocíjate, oh estéril, la que no daba a luz, levanta canción y da voces de júbilo, la que nunca estuvo de parto, porque más son los hijos de la desamparada, que los de la casada, ha dicho Jehová».*

¡Tenemos un Dios de milagros! ¡Gocémonos en Él!

La disciplina del desierto

A Dios le importa más lo que somos que lo que hacemos. Nuestra posición como hijos de Dios es eterna, mientras que el ministerio es temporal. Él nos hará madurar como discípulos antes de confiarnos responsabilidades mayores en el ministerio. El crecer a veces duele, pero es necesario que primero venga el reino a nuestro corazón.

En Deuteronomio 8 Dios dice que trajo a su pueblo al desierto «para afligirte, para probarte, para saber lo que había en tu corazón». Así es la disciplina de Dios.

El vocablo disciplina normalmente lo relacionamos con castigo, pero no es lo más acertado. Etimológicamente tiene la misma raíz que discípulo, y habla esencialmente de un proceso de enseñanza. Hebreos 12.5-6 dice: «Hijo mío, no menosprecies la disciplina del Señor, ni desmayes cuando eres reprendido por Él, porque el Señor al que ama disciplina, y azota a todo el que recibe por hijo».

Los receptores de la carta estaban pasando muchas tribulaciones y persecuciones, y se sentían tentados a volverse atrás en el camino de Dios. El Señor, a través de esta carta, los exhorta a no darle «menos-precio», menos valor, a los momentos de disciplina; y los despierta a comprender el privilegio que tenemos de ser hijos de Dios, disciplinados y enseñados por Él.

El versículo 10 del mismo pasaje revela el propósito de la disciplina: «Para que participemos de su santidad». Y el versículo 11 nos habla del «fruto apacible de justicia» que se manifiesta luego del amoroso trato de Dios. El apóstol Pablo conocía bien esto: «Porque esta leve tribulación momentánea produce en nosotros un cada vez más excelente y eterno peso de gloria» (2 Corintios 4.17). «Por lo cual, por amor a Cristo me gozo en las debilidades, en afrentas, en necesidades, en persecuciones, en angustias, porque cuando soy débil, entonces soy fuerte» (2 Corintios 12.10).

Las pruebas nos permiten alcanzar una nueva revelación acerca de Dios y de nosotros mismos. Es más, si en nuestra vida no tuviéramos dificultades nos estancaríamos en la fe.

El arroyo

Hombres de Dios como Elías tuvieron su tiempo de preparación. En una oportunidad, Dios llevó a Elías a un arroyo, en medio de una gran sequía, y allí lo sustentó.

Allí el profeta disfrutó de agua fresca y de abundante comida que Dios le enviaba a través de los cuervos (1 Reyes 17.1-7). Todo estaba de maravillas, hasta que súbitamente el arroyo se secó.

Si el arroyo no se hubiera secado, difícilmente Elías se hubiera movido de un lugar tan confortable. Pero Dios tenía para él cosas mayores y le secó el arroyo para que él no se detuviera en aquel lugar.

El arroyo puede ilustrar las circunstancias de la vida. Muchas veces Dios nos «seca el arroyo», y nos lleva a orar, ayunar y buscar su rostro, porque las circunstancias que nos rodean se han tornado adversas. Es muy fácil decir: ¡Gloria a Dios! cuando todo marcha bien. Lo importante es mantener la fe cuando estamos humanamente desconcertados y preguntamos: «Señor, ¿qué me quieres enseñar con esto?» Elías tal vez pensó que el arroyo era lo mejor, pero Dios tenía más para él, y no se lo podía dar hasta que saliera de allí.

Yo recuerdo aquellos tiempos cuando mi arroyo estaba seco, ¡bien seco! Miraba mi casi inexistente congregación y me deprimía. Tenía más ganas de tirarme como Elías bajo el enebro que animarme a crecer en cosas grandes.

Un día vino a visitarme un hombre de fe, el hermano Nicanor, que era pariente de Betty. Me invitó a salir fuera de la iglesia y me preguntó: «¿Qué ves Claudio?» Yo le respondí: «Nada». Él me dijo: «Tienes que ver lo que yo estoy viendo... ¡Yo veo miles de almas!» Y yo volví a decirle: «No veo nada». Él me miró a los ojos e insistió: «Sin embargo, te digo que el Señor te las entregó». Pero en aquel momento la bendición en lo ministerial me parecía muy lejana. Estaba viviendo una etapa de crecimiento y purificación. No obstante, con mi poquita fe reuní a mis abuelitas y les dije: «Hermanas, seremos miles en la iglesia». Me miraron como diciendo: «El pobre pastor se volvió loco». Pero no estaba loco.

Si nuestro arroyo se ha secado, clamemos, busquemos, ¡preparémonos para algo grande!

LA PRUEBA NOS PRUEBA

La prueba nos prueba (y esto es más que un juego de palabras). En el desierto se pone de manifiesto lo que hay en nuestro corazón. Dice el Señor en Deuteronomio 8.2: «Para saber lo que había en tu corazón». Me he preguntado: ¿No sabe Dios lo que hay en nuestro corazón? ¿O acaso necesita de la prueba para enterarse?

Ciertamente somos nosotros los que a través de las pruebas tomamos conciencia por el Espíritu Santo de lo que hay en nuestro corazón. Nosotros necesitamos saberlo, y luego confesarlo delante de Dios.

Es muy fácil crearnos un concepto de nosotros mismos que no coincide con la realidad. Nuestro corazón es engañoso y Dios lo desenmascara a través de las pruebas. Creemos que tenemos amor… hasta que nos ofenden; o creemos que tenemos humildad… hasta que nos envían a hacer una tarea humillante.

Cuando ingresé al seminario lo hice con el ímpetu de todo joven: «Soy uno de los seminaristas de nuestra iglesia», pensaba con entusiasmo.

El primer día de clases el director del seminario anunció: «Bueno, vamos a repartir las tareas». Uno por uno, de acuerdo a la lista, iba asignando las tareas. Llegó mi turno: «Claudio Freidzon… te toca… (pensé: ***dirigir los coros***)». Pero él añadió: «limpiar los baños» ¡No lo podía creer!

Muy enojado me fui a ver al director, que además era mi pastor en la iglesia (con el consiguiente privilegio que yo pensaba tener en el Seminario). Le dije: «Ángel, ¿por qué me pusiste a limpiar los baños?» Me contestó: «Porque te conozco y sé que es lo que tienes que aprender». Le dije: «Estoy aprendiendo teología, Biblia, homilética... Estoy para otra cosa, no para limpiar los baños». Pacientemente volvió a decirme: «Estas para formarte como un hombre de Dios, y ya es tiempo de que dejes de ser un niño de tu mamá». Repliqué: «No lo voy a hacer. Quiero otra tarea que sea mas rápida». La conversación terminó cuando mi pastor me dijo: «Si tú no lo haces, lo voy a hacer yo».

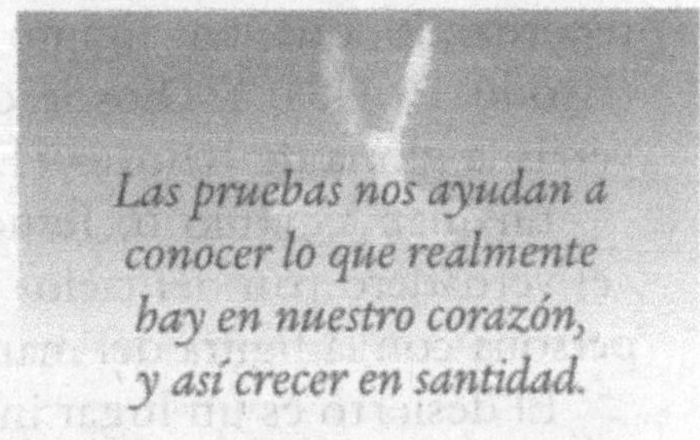
Las pruebas nos ayudan a conocer lo que realmente hay en nuestro corazón, y así crecer en santidad.

Me fui desilusionado de la oficina. Esperaba algo mejor de mi pastor. Ahora sé verdaderamente que me estaba dando lo mejor. ¡Y cuánto necesitaba!

Al otro día el pastor se levantó y salió con el balde y todos los elementos de limpieza rumbo a los baños. Entró y se encerró para hacer la tarea que me correspondía a mí. Yo daba vueltas y vueltas. Finalmente entré y vi al pastor arrodillado limpiando dentro del baño. Me enseñó una gran lección de humildad. Entonces recordé que yo le había dicho al Señor muchas veces: «Señor, quebrántame, humíllame, quiero ser siervo». Y Dios lo había tomado muy en serio. Me acerqué a mi pastor y le dije: «No lo hagas. Debo hacerlo yo».

Las pruebas nos ayudan a conocer lo que realmente hay en nuestro corazón, y así crecer en santidad.

LA DEPENDENCIA DE DIOS

El pueblo de Israel tuvo hambre en el desierto al salir de Egipto y murmuraron contra Moisés y contra Aarón, recordando que en Egipto comían pan hasta saciarse (Éxodo 16.1-3). Y Dios le dio el maná: «Y a la mañana veréis la gloria de Jehová» (Éxodo 16.7).

En Juan capítulo 6, Jesucristo se da a conocer como «el verdadero pan del cielo» (vv.32-35), identificando su persona con la figura del maná.

El desierto es un lugar inhóspito, donde se carece de lo más elemental para la subsistencia. «Es allí donde Dios te hizo tener hambre y te sustentó con maná, comida que no conocías tú, ni tus padres la habían conocido, para hacerte saber que no sólo de pan vivirá el hombre, más de todo lo que sale de la boca de Jehová» (Deuteronomio 8.3).

De esta forma nos lleva a clamar delante de Él, para que conozcamos su provisión sobrenatural y diaria.

Podría pasar horas con usted contándole acerca de la fidelidad de Dios en medio de mis terribles desiertos. Cuando literalmente me faltaba para dar de comer a mi familia, Dios en su misericordia nos proveía cada día, aunque también a veces me quejaba como el pueblo de Israel. ¡Cuántas veces mi suegro, que tenía almacén de comestibles, aparecía con provisiones cuando mi alacena estaba vacía! Es muy cierto aquel dicho que afirma que Dios paga el día del vencimiento. ¡Quiere que crezcamos en la fe!

La pregunta es: «En medio del desierto, ¿cuáles son nuestras prioridades?»

Sin embargo, quiero hablar de una lección aún más profunda de Deuteronomio 8.3. Es la disyuntiva que se nos presenta entre lo material («el pan») y lo espiritual («lo que sale de la boca de Jehová»).

La pregunta es: «En medio del desierto, ¿cuáles son nuestras prioridades?» Si nos afanamos por resolver nuestros problemas y corremos de aquí para allá, antes de buscar el rostro de Dios, estaremos poniendo el carro delante del caballo.

El desierto es una hermosa oportunidad de encontrarnos con Dios y recibir su palabra. Es Dios llamándonos la atención sobre Sí mismo: «Pero he aquí que yo la atraeré y la llevaré al desierto, y hablaré a su corazón» (Oseas 2.14). Dios nos hace tener hambre para saciarnos con su Espíritu Santo, y colmarnos luego de favores y misericordias.

¿Está en pruebas? Ayune, ore, gima delante de Dios. ¡Busque el verdadero pan que descendió del cielo! Esta es su principal necesidad.

Cuando el Señor se apartó para ayunar y orar en el desierto (Mateo 4.1-11), el diablo fue a tentarlo. Quiso en un momento de necesidad desviar su atención de las cosas de arriba hacia las terrenales (desafiándolo a convertir las piedras en pan). Jesús lo reprendió citando precisamente nuestro texto: «Él respondió y dijo: Escrito está. No solo de pan vivirá el hombre, sino de toda Palabra que sale de la boca de Dios» (Mateo 4.4). El diablo en su desierto le presentará cientos de soluciones y alternativas, menos una: que busque ardientemente el rostro de Dios.

En una oportunidad el presbítero de mi zona quiso tenderme una mano en aquellos años tan difíciles de mi ministerio. Tomó la lista de las iglesias que supervisaba en su distrito y preguntó: «¿Cuál es la iglesia más necesitada? ¿Cuál es el obrero que anda peor?» La respuesta no tardó: «Claudio Freidzon».

Apareció una tarde golpeando la puerta de mi iglesia acompañado de un reconocido evangelista. «Hemos venido para ayudarte, me dijo. Este hermano está dispuesto a hacer una gran campaña evangelística contigo». Esto era para mí un sueño. Aquel evangelista, un hombre fogoso que inspiraba gran confianza, me miró y me dijo: «¿Cuántos quiere?» Yo no entendía: «Perdón, ¿cuántos quiero de qué?» Inmediatamente me contestó: «¿Cuántas almas quiere para su iglesia? Por menos de mil no lo hacemos». ¡Oh! yo estaba admirado. ¡Por fin iban a cambiar las cosas! Fuimos a ver la plaza que estaba casi enfrente de la iglesia y el lugar le pareció bien. Antes de despedirse me dijo: «Quédese tranquilo. En cualquier momento vengo con mi equipo evangelístico y le llenamos la iglesia». Estaba eufórico ante algo tan grande que estaba por manifestarse. Corrí a darle las buenas noticias a Betty.

Pasó una semana y el hermano no se comunicó conmigo. «Bueno, llamará pronto», pensé. Pasaron varias semanas más, dos meses, tres meses... Ya no soporté más y fui a verlo a su casa.

Cuando llegué toqué el timbre y salió al encuentro. Lo saludé sonriente: «¡Hola! ¿Se acuerda de mí?» Él me miró y me dijo: «Realmente no». Me quedé frío. «Pero debe recordar... vino a verme a Parque Chas... ¿Recuerda?... Las mil personas... La plaza...» Finalmente dijo «Ah, sí... perdóneme, es como si alguien hubiera borrado su nombre de mi memoria». Repliqué: «Bueno, no se preocupe, dígame: ¿Cuándo hacemos la cruzada?» Su respuesta me golpeó: «Discúlpeme pero tengo toda mi agenda ocupada, tal vez en otro momento, y ahora dispénseme, tengo otras personas que me esperan...» Y me cerró la puerta en la cara.

Poco a poco en mi desierto, Dios me iba enseñando que la única fuente es Él, y que no debía poner mi esperanza en los hombres. La solución vendría del cielo.

Comencé a buscar el rostro de Dios, a saciarme de Él.

Necesitaba conocer al Espíritu Santo, necesitaba su unción. ¡Era mi verdadera necesidad! Y cuando lo busqué, ¡cambió mi lamento en danza! Transformó absolutamente mi vida y ministerio, llevándome por caminos nunca imaginados.

Luego de siete años de desierto, guiado por una visión de Dios, me llevó a fundar una próspera iglesia que hoy supera los cuatro mil miembros, y me concedió el privilegio de llevar adelante un ministerio mundial de avivamiento. ¡Gloria a Dios! He vivido, y sigo viviendo, experiencias gloriosas y sobrenaturales con mi Señor.

Le doy gracias a Dios por mis desiertos. He aprendido a través de ellos a valorar lo que hoy tengo. Aprendí a conocer a Claudio Freidzon en su débil humanidad durante aquellos largos años de desierto. Choqué con su orgullo, con su timidez, con sus limitaciones. Poco a poco lo he hecho morir, y cada día quiero verlo en la cruz.

No tengo sombra de duda que toda virtud y capacidad que los demás vean en mí es obra exclusiva del Espíritu Santo, fruto de mi comunión con Él. Sé que todo lo que tengo es por su gracia, y que sólo Él es digno de toda la gloria.

Hace unos años realicé una histórica cruzada en Hialeah, Florida (Estados Unidos), con la unidad y el apoyo de cien pastores hispanos. (Esta cruzada fue el «trampolín» para que el al año siguiente estuviésemos en el estadio Orange Bowl de Miami.) Nunca los evangélicos habían celebrado un encuentro de esta magnitud en Hialeah, con más de diez mil personas cada noche. Tuve el honor de recibir de manos del alcalde las llaves de la ciudad. Me encontraba muy feliz al regresar a mi iglesia y me disponía a contar la bendición a mis queridos hermanos.

Les iba a decir: «Miren lo que he recibido». En aquel momento el Espíritu Santo me habló y me dijo claramente: «No te lo dieron a ti. Esas llaves me las dieron a mí». Es verdad. ¡Sólo Dios es digno de recibir toda la gloria!

Mis desiertos forman parte de mis raíces, de mi caminar con Cristo. Nunca podría renegar de ellos. Porque los caminé, hermano mío, puedo comprenderlo y animarlo con todo mi corazón. ¡Siga adelante! Dios tiene un plan maravilloso para su vida y a su tiempo lo conocerá. Su presente es muy valioso para Dios. Él lo está preparando, equipando, para usarlo poderosamente.

Sólo recuerde una cosa, la más importante. Búsquelo a Él. Es decir, como la Palabra viviente, practique la comunión con su Espíritu Santo. Tal vez no pueda adelantar los tiempos en el plan de Dios, pero ciertamente puede demorarlos si no tiene hambre del Espíritu Santo.

Llegará pronto el día cuando observe la obra del Espíritu Santo en su vida, cuando opere gloriosamente a través de usted, y también podrá exclamar con todo su corazón: ¡impresionante!

Si lo desea acompáñeme en estas palabras de oración:

Padre eterno, te doy inmensas gracias por haberme hecho tu hijo, por disciplinarme y transformarme por el Espíritu Santo de día en día. Anhelo ser como Jesús. Moldéame y cumple tu propósito eterno en mi vida. Gracias por mis desiertos, por mis pruebas. Me gozo en lo que tú harás a través de ellos. Purifícame para ser un instrumento poderoso en tus manos. Espíritu Santo, tengo hambre de ti. Sacia de bien mi boca. Lo pido en el nombre de Jesús. Amén.

Capítulo 3

¡¡SIGA ADELANTE!!

Hay una historia que pocos conocen detrás de todo hombre que el Señor levanta. Un pasado, una escuela de formación… y también, muy especialmente, una familia.

El éxito ministerial es verdadero cuando tiene una familia que lo respalda. No podemos edificar la obra de Dios sobre las ruinas de nuestro propio hogar. De nada nos vale ganar el mundo, si perdemos a aquellos que más amamos.

Necesitamos atravesar nuestro propio «Nazaret». Durante treinta años el Señor Jesucristo no se reveló al mundo, sino que permaneció en la ciudad de Nazaret como «el hijo del carpintero». Hasta donde podemos conocer, no hizo milagros públicamente en aquellos años. Por esta causa, sus hermanos, luego del bautismo de Jesús y el inicio del ministerio público, fueron los primeros en asombrarse, y aún en dudar de su hermano.

¿Qué hacía Jesús en Nazaret?: Nos estaba enseñando que el primer lugar donde debemos manifestar la santidad, es nuestra propia casa, en nuestra familia. Allí fue el hijo per-

No podemos edificar la obra de Dios sobre las ruinas de nuestro propio hogar...

fecto, el hermano perfecto, el trabajador perfecto. «Nazaret» simboliza lo cotidiano, lo de todos los días.

Muchos anhelan el ministerio público sin pasar por Nazaret, pero el Señor nos probará primero en la familia, y luego nos dará lo que Él tiene para cada uno. Malaquías 4.5-6 es un texto clave para estos tiempos.

Nos habla del propósito divino de restaurar la familia:

> *«He aquí, yo os envío el profeta Elías, antes que venga el día de Jehová, grande y terrible. Él hará volver el corazón de los padres hacia los hijos, y el corazón de los hijos hacia los padres, no sea que yo venga y hiera la tierra con maldición».*

Con estas palabras se cierra el Antiguo Testamento.

Nadie puede dudar que nos encontramos en los últimos tiempos. El Señor nos habla a través del profeta Malaquías diciéndonos que para este tiempo, Él enviará a la tierra un ministerio del Espíritu como el de Elías, un manto de restauración sobre la familia. Normalmente enfatizamos el ministerio de señales que acompañó a Elías, y no hablamos demasiado del ministerio de reconciliación que llevó adelante.

Elías restauró el culto al Dios verdadero. Volvió los corazones del pueblo a su Dios. Luchó contra la frialdad y la apostasía. Efectivamente, comprobamos en nuestros días que el Señor está golpeando a la puerta de los corazones tibios que dicen: «Yo soy rico(...) y de ninguna cosa tengo necesidad» (Apocalipsis 3.17). El mensaje a la iglesia en Laodicea nos deja una clara enseñanza: cuando nos sintamos demasiado conformes con nosotros mismos, habremos caído en la tibieza espiritual, y alejado a Cristo de nuestros corazones. La unción que estaba sobre Elías sigue obrando en la iglesia por el Espíritu Santo, y nos lleva a la reconciliación con Dios. El Señor está restaurando poderosamente en estos tiempos nuestra comunión con Él.

Al leer la profecía de Malaquías, notamos que Dios hace extensivo su deseo de restauración a todas las familias de la tierra. Reconciliar a padres con hijos, y a los hijos con sus padres, a los esposos con sus esposas, y a los hermanos entre sí.

Estoy seguro de no equivocarme al afirmar que las más grandes heridas de un ser humano, son las provocadas en el seno de su familia. El Señor nos advirtió que en los postreros tiempos los enemigos serían los de la propia casa (Mateo 10.36); y la Palabra menciona hijos desobedientes (2 Timoteo 3.2), personas sin afecto natural (2 Timoteo 3.3), adúlteros (1 Corintios 6.9), toda clase de amarguras y pecados que hacen clamar a la familia por la urgente restauración. Esto también afecta a las familias cristianas.

Luego de una cruzada que realicé en el extranjero, me escribió una hermana para dar testimonios de lo sucedido durante mi visita. Uno de ellos me dejó impresionado. Se trataba de un hombre, un cristiano de muchos años, que había participado de las reuniones. Transcribo las partes salientes del relato de la hermana:

> «Recibí una llamada telefónica el domingo por la mañana de ...., que había estado en la reunión del sábado por la noche. Cuando vino, estaba muy escéptico de todo, pero esa noche fue «derribado» por el Espíritu Santo y pasó un largo tiempo sobre el piso.
>
> Durante esos momentos el Señor estuvo tratando con él, convenciéndolo de pecado en su vida. Luego abandonó la reunión, volvió a su hotel y lloró incontroladamente hasta las seis y media de la mañana. Fue entonces que llamó por teléfono a la mujer con la cual había mantenido

relaciones adúlteras por espacio de once años. Cuando él estaba tendido en la reunión la noche anterior, Dios le dijo que era su última oportunidad para enderezar su camino, o lo perdería todo.

Me llamó una semana más tarde. Le había contado toda la verdad a su mujer y las autoridades de la iglesia, renunciando a todas sus responsabilidades en ella. Deseaba tomar un tiempo para arreglar las cosas en su propia vida... Ayer volvió a comunicarse, pidiéndome una reunión con él y con su esposa, para ser ministrados. Ella me manifestó esta mañana cuán agradecida estaba al Señor de que su marido hubiera asistido a la cruzada. Cuando él le anunció que deseaba participar, ella no estuvo de acuerdo. Tenía sospechas de que algo andaba mal. Presentía que había otra mujer; pero luego sintió la paz de Dios y lo entregó en sus manos, permitiéndole ir. Me reúno con ellos la semana próxima...»

Es interesante que se mencione el ministerio de Elías al tratar el tema de la reconciliación familiar. Una de las características de este varón era que medía sus palabras. La viuda de Sarepta le dijo: «Ahora conozco que tú eres varón de Dios, y que la palabra de Jehová es verdad en tu boca». (1 Reyes 17.24). Elías no hablaba livianamente cualquier necedad, sino la palabra de Jehová.¡Qué importante es esto! ¡Cuántas veces el hogar está saturado de palabras ociosas, o hirientes, y falta la palabra de Dios! El Señor nos ha llamado a bendecir: «te bendeciré (...) y serás bendición» (Génesis 12.2). El sentido más literal de la palabra bendecir es precisamente «bien decir», decir lo bueno: palabras de aliento, palabras de esperanza.

Recuerdo una ocasión en que intenté arreglar nuestra destruida casa haciendo unos trabajos de albañilería. No tenía la menor idea del oficio, pero tampoco tenía dinero para contratar una persona calificada. Intentaba preparar la mezcla con el cemento y me salía líquido, sin consistencia, de tal forma que resbalaba por la pared sin adherirse. Ensuciaba afuera y adentro de la casa... Allí, en medio de mi frustración, venía Betty con dulzura a ofrecerme algo de tomar, diciéndome: «¿Cómo va todo, mi amor?... No importa, sigue adelante». Jamás se acercó a decirme. «¡Inútil, no sabes hacer las cosas!» Por el contrario, en tantos años de casado, siempre me ha dado palabras de bendición.

¡Cuántas veces el hogar está saturado de palabras ociosas, o hirientes, y falta la palabra de Dios!

De nuestros labios deben brotar bendiciones para nuestros hijos. La Biblia nos enseña que los padres deben bendecir a sus hijos. Esta bendición era de gran importancia en la historia de Israel. Hebreos 11.21 dice: «Por la fe Jacob, al morir, bendijo a cada uno de los hijos de José, y adoró apoyado sobre el extremo de su bordón».

Jacob sufrió muchos contratiempos en su vida, pero estaba terminándola gloriosamente. Tenía delante suyo a su amado hijo José, y a sus nietos Efraín y Manasés. ¡Todos andaban en el camino de Dios! Y los bendijo: «El Dios en cuya presencia anduvieron mis padres Abraham e Isaac, el Dios que me mantiene desde que yo soy hasta este día, el Ángel que me liberta de todo mal, bendiga a estos jóvenes; y sea perpetuado en ellos mi nombre...» (Génesis 48.15-16).

¡Cómo no iba a adorar a Dios! El Dios de su abuelo Abraham, el Dios de su padre Isaac, el Dios que lo había acompañado, el Dios de su hijo José, ¡era también el Dios de sus nietos Efraín y Manasés!

¿Cómo espera terminar sus días en la tierra? Dios nos permita hacerlo como Jacob: adorándolo al ver todo nuestro hogar en sus caminos. Aquel día, lo importante será el

¿Cómo espera terminar sus días en la tierra?... Aquel día, lo importante será el recuerdo que dejemos en nuestros hijos, en nuestra familia, de nuestro paso por este mundo.

recuerdo que dejemos en nuestros hijos, en nuestra familia, de nuestro paso por este mundo. Deseo que mis hijos puedan decir: «Papá fue un gran hombre de Dios. Nos enseñó qué significa ser cristiano».

Dice el Señor en su palabra: «Cree en el Señor Jesucristo, y serás salvo, tú y tu casa» (Hechos 16.31). Si en estos momentos su familia está pasando por difilcultades, tómese de esta promesa de Dios. Reprenda las acusaciones del maligno, y crea que verá la gloria de Dios en su casa.

En estos tiempos finales, Él nos ha prometido una unción restauradora para las familias.

BETTY, UNA MUJER DE DIOS

Entre los que me han bendecido, he reservado un lugar muy especial para la persona que más amo después del Señor, y sin duda, a la que más le debo. Por supuesto, hablo de Betty, mi dulce esposa.

Dios me dio una gran mujer que siempre me alentó y derramó oraciones por mí. Nunca le oí decir: «Las cosas están mal, no estás supliendo mis necesidades».

Por el contrario, tuvo la virtud de esperarme, y de saber esperar la obra de Dios en nuestras vidas. Tiene esa hermosa combinación de dulzura y firmeza, que han hecho de ella un apoyo real en mi ministerio en una forma poderosa. Cuando terminan los cultos, y le pregunto a Betty cómo salieron las cosas, me señala algún defecto o error; y me ayuda a mantener mi equilibrio espiritual. El enemigo pretende «inflar» nuestra cabeza, llenarnos de orgullo; pero el Señor me dio una esposa, un instrumento suyo, para que no tenga de mí un concepto equivocado. Si hubiera tenido una mujer depresiva, ahora estaríamos en el fracaso. Debemos dar gracias por la mujeres de Dios.

Cuando era joven oraba específicamente para que el Señor me mostrara su voluntad en relación a mi futura esposa. En un campamento conocí a Betty y me impactó. La observé mientras dirigía el coro de jóvenes de su iglesia y quise conocerla. Apenas intercambié unas palabras con ella descubrí una joven que amaba al Señor más que yo, que estaba consagrada a su voluntad.

Betty entregó su vida a Jesucristo cuando era una adolescente. Siempre había escuchado acerca de Cristo en la cruz, pero no comprendía el real significado de su muerte, hasta que un tío suyo, un hombre de Dios, le predicó el evangelio cuando ella tenía trece años. A pesar de su corta edad ya conocía la desesperanza, el temor y la falta de amor. En particular, el temor la agobiaba, y sentía terror por las noches. A veces sin comprender porqué, les sobrevenían ataques de histeria y agresividad. Su madre, buscando solución a los problemas familiares, había recorrido muchos sitios ocultistas, y el hogar era un infierno de insultos y contiendas, donde el enemigo se paseaba en libertad. Hasta que un día la luz del evangelio resplandeció en aquellos corazones. Betty fue la primera en recibir al Señor como Salvador de su vida, y luego el resto de la familia también experimentó su amor. Inmediatamente comenzó a servir a Dios, evangelizando en zonas de mucha pobreza.

Me cautivó la autoridad espiritual que tenía siendo tan joven. El Señor la usaba (y aún la usa grandemente) en la alabanza y en la adoración. En aquel tiempo era además la presidente de jóvenes de su iglesia, y aquella breve conversación que tuvimos despertó en mí el deseo de seguir viéndola. Un día, sin saber exactamente su dirección (sólo conocía el nombre de la calle), me lancé en su búsqueda. ¡Y la encontré! Después de mucho preguntar, llegué al almacén de don Victorio, un italiano celoso, que no estaba muy dispuesto a entregar su hija en manos de cualquier muchachito: «¡La nena non se toca!» Saludé a quien sería mi futuro suegro (un maravilloso hombre de Dios), y saqué a relucir todos mis trofeos:

«Me llamo Claudio Freidzon, soy estudiante en el seminario y presidente de jóvenes en mi iglesia. Deseo hablar con Betty». «¡Aleluya!», dijo él, «Betty está en una reunión de oración en nuestra casa, pero si nos quiere acompañar, puede traernos una meditación en la Palabra...» Le respondí «¡No gracias! Le dejo mi número de teléfono y espero que su hija me llame».

Aquella semana pareció interminable. Un día me anunciaron por los parlantes del seminario que tenía una llamada telefónica. Corrí para atenderla. Era Betty. Eludí la curiosidad de mis compañeros, y le propuse empezar a conocernos. Comenzamos una amistad que llegó al noviazgo, y luego al matrimonio. Betty se enamoró de mí hace muchos años. Soportó de todo a mi lado, desde no tener estufa hasta compartir su baño con toda la iglesia, o tener que vestirse con ropa prestada.

Jamás me presionó. Su padre había trabajado de sol a sol para darle lo mejor, siempre la tuvo como una muñequita, pero cuando Betty se casó conmigo, yo no tenía nada para ofrecerle. Nos faltaron cosas tan esenciales como una ducha en el baño, o un lugar apropiado para lavar la ropa. Pero lo más hermoso de nuestra relación es que después de tantos años de pruebas y victorias, el amor de Betty sigue tan incondicional como siempre. Después de los momentos gloriosos en la cruzada del estadio Vélez Sarsfield, ante sesenta y cinco mil personas, no me dijo: «Claudio, ahora te quiero más». Me ama de la misma manera que cuando pasábamos necesidades, porque no me ama por lo que tengo sino por lo que soy.

Llevamos al presente veintiocho años de casados, y nunca sabré expresar con palabras lo que Betty significa para mí. Tenemos una preciosa relación. Sabemos dialogar, trabajar y estar juntos.

Betty a veces me recuerda: «Claudio, dime que me amas». Así es también nuestra relación con Dios. Él quiere oírnos decir cada día: «Señor te amo, eres lo más importante para mí».

En una oportunidad, fui como invitado al programa televisivo cristiano «Club 700», y el conductor me preguntó: «¿Cómo pasamos de la oración regular a la comunión íntima con el Espíritu Santo?» La respuesta que le di tenía que ver con el matrimonio. Podemos estar juntos como esposos, pero no cultivar la relación, y nunca decirnos que nos amamos. Betty a veces me recuerda: «Claudio, dime que me amas». Así es también nuestra relación con Dios. Él quiere oírnos decir cada día: «Señor te amo, eres lo más importante para mí».

El Señor quiere vernos enamorados de Él. Y también de nuestras esposas.

El mayor tesoro que Dios me ha dado es mi familia; mi esposa y nuestros preciosos hijos: Daniela, Sebastián y Ezequiel.

Una mirada hacia adentro

A veces cometemos el error de pensar que lo mejor está fuera de nuestra casa o de nuestra iglesia, y no le damos suficiente valor a aquellos que de verdad nos aman, a los que nos han cuidado y alentado, a los que han llorado por nosotros.

Tiempo atrás alguien de mi congregación se acercó a entregarme un sobre con una carta. Estoy acostumbrado a tener los bolsillos llenos de cartas y pedidos de oración que los hermanos me entregan, e invariablemente los leo uno por uno. Esta carta en particular la escribía una hermana que no había querido dar su nombre, y decía: «Con mucho respeto, luego de seis meses de orar, quiero darle este pasaje de la Biblia». Se trataba de 2 Samuel capítulo 19. Rápidamente busqué el texto en la Biblia y cuando lo leí la palabra se transformó en una voz interior, una palabra específica para mi vida.

A veces cometemos el error de pensar que lo mejor está fuera de nuestra casa o de nuestra iglesia, y no le damos suficiente valor a ***aquellos que de verdad nos aman...***

Durante dos años había viajado por mi país y por el mundo a un ritmo intenso, a tal punto que en ocasiones sólo estaba en casa los fines de semana. Todo sucedía muy rápido. Apenas tenía tiempo para mis hijos y para la iglesia. Regresaba de mis viajes y les contaba acerca de mis cruzadas en Europa, África... Mi corazón y mi mente estaban puestos en las actividades. Me sentía como de paso en mi propia casa.

Gracias a Dios la iglesia lo soportó y creció.

Mientras regresaba de una cruzada en África donde había ministrado con éxito, sentí en mi corazón que algo estaba fallando, que debía hacer correcciones y encauzar el rumbo.

Entonces recibí esta palabra de Dios.

El relato bíblico menciona un terrible suceso familiar que afectó al rey David. Su hijo Absalón se había rebelado en contra de su autoridad y había formado un ejército con el propósito de destronar a David, y establecerse como nuevo rey. El ejército de David, bajo el mando del general Joab, le presentó batalla y lo derrotó, muriendo Absalón en el enfrentamiento. El rey David supo que su hijo rebelde había muerto, e hizo duelo por él, de tal manera que sus tropas, que habían triunfado en la batalla, entraron en la ciudad incómodos por la situación.

2 Samuel 19.2-4 lo relata en todo su dramatismo: «Y se volvió aquel día la victoria en luto para todo el pueblo; porque oyó decir el pueblo aquel día que el rey tenía dolor por su hijo.

Y entró el pueblo aquel día en la ciudad escondidamente, como suele entrar a escondidas, el pueblo avergonzado que ha huido de la batalla. Más el rey, cubierto el rostro, clamaba en alta voz: ¡Hijo mío Absalón, Absalón, hijo mío, hijo mío!»

Cuando el general Joab comprendió lo que sucedía, fue a ver al rey David y lo exhortó duramente: «Hoy has avergonzado el rostro de todos tus siervos, que hoy han librado tu vida, y la vida de tus hijos y de tus hijas, y la vida de tus mujeres, y la vida de tus concubinas, amando a los que te aborrecen, y aborreciendo a los que te aman; porque hoy has declarado que nada te importan tus príncipes y siervos; pues hoy me has hecho ver clararamente que si Absalón viviera, aunque todos nosotros estuviéramos muertos, entonces estarías contento. Levántate pues, ahora, y ve afuera y habla bondadosamente a tus siervos; porque juro por Jehová que si no sales, no quedará ni un hombre contigo esta noche; y esto te será peor que todos los males que han sobrevenido desde tu juventud hasta ahora» (2 Samuel 19.5-7).

Al leer estos versículos, vinieron a mi memoria, «los males de mi juventud», recordé la soledad, todo lo que no tenía... y lo que ahora tengo: obreros preciosos, una familia maravillosa, hijos espléndidos... Debemos reconocer que a veces equivocamos nuestra visión e interpretamos que lo mejor lo debemos dar fuera de nuestro medio cotidiano; y lo peor, dentro. Joab le dijo al rey David: «Hoy me has demostrado que a los que de verdad te aman los aborreces, y a los que te aborrecen, a esos amas». ¡Cuántos hombres tienen favores y sonrisas para todos excepto para los de su casa! Fuera del hogar son amables, escuchan a todos, prestan dinero; pero para su familia hay impaciencia, irritabilidad e indiferencia. Piensan que afuera está lo importante, pero cuando tienen una necesidad los que verdaderamente quedan a su lado son sùs hijos, su familia. Cuando reflexionaba en estas cosas pen-sé: ¡Qué necio he sido! Me di cuenta que mi iglesia, mis obreros,

La prioridad de Dios es la familia. El que es un buen cristiano en su casa, será buen cristiano en todo lugar.

que habían tomado mi ministerio como propio, también necesitaban de mí. Necesitaban que les dijera: «Los amo, gracias por lo que han hecho, gracias por cuidar mis espaldas, por cuidar de mis hijos cuando he salido. Ustedes son importantes, lo más maravilloso que tengo». Porque en el mundo muchos me aman por lo que tengo, pero en mi casa me aman por lo que soy.

La prioridad de Dios es la familia. El que es un buen cristiano en su casa, será un buen cristiano en todo lugar.

Lo que verdaderamente somos lo demostramos en lo secreto, en lo íntimo. Tenemos la presencia del Señor en nuestra vida para valorar lo que Él nos ha dado. Dios nos está demandando que cuidemos nuestra familia, que sepamos reconocer a aquellos que siempre están a nuestro lado.

En una cruzada que realizamos en la ciudad de Salta, al norte de Argentina, sucedió algo extraordinario en que Dios manifestó su aprecio a las esposas de pastores.

Cuando realizo mis cruzadas, normalmente dedico un momento especial de oración a las esposas de los pastores. Ellas realizan una tarea notable a favor del reino de Dios, y soportan junto a sus esposos las presiones de la obra. Me gozo cuando el Señor las renueva con el Espíritu Santo, porque sé cuánto lo necesitan. En ese instante yo estaba ministrando con Betty y las hermanas recibían mucho del Señor. De pronto, comenzó a soplar una brisa que obligaba a aquellas mujeres a sostenerse las faldas que el suave viento agitaba. ¡Lo maravilloso es que el lugar estaba completamente cerrado! Era una pequeña señal del amor de Dios. El Señor estaba ministrándoles, diciendo a cada una: «Aunque otros no te tomen en cuenta, para mí eres valiosa, y te bendigo con mí presencia». Es hora de que hagamos lo mismo.

Capítulo 4

¡QUIERO ESE FUEGO!

Dios siempre me ha puesto al lado de grandes ministerios que me han enseñado a tener comunión con el Espíritu Santo. Han sido hombres y mujeres de Dios que con su vida me inspiraron y motivaron para seguir adelante en medio de mis desiertos.

Uno de esos hombres fue el evangelista Carlos Annacondia. Recuerdo cuando lo conocí. Corría el año 1983. Yo era profesor de teología en el seminario Río de la Plata. Me levantaba todos los días a las seis de la mañana y me iba a enseñar. En una ocasión, mientras daba la clase noté que la gran mayoría de los alumnos se estaba durmiendo. Por un momento pensé: ¡qué mal debo estar enseñando para que todos se duerman! Pero felizmente el motivo era otro. «Lo que pasa es que anoche nos acostamos a las cinco de la madrugada y nos levantamos muy temprano para tomar las clases», me comentó un alumno. ¡Cómo no iban a estar cansados si sólo habían dormido un par de horas! La noche anterior habían colaborado en la campaña evangelística que el hermano Carlos Annacondia realizaba en la ciudad de La Plata (a cincuenta kilómetros de la ciudad de Buenos Aires). Yo aún no lo conocía. En aquellos tiempos recién comenzaba a realizar sus primeras campañas. «Es extraordinario lo que sucede», continuó relatándome otro alumno: «Miles de personas aceptan a Jesucristo cada noche, y el poder de liberación es tan fuerte que debemos permanecer hasta altas horas ayudando a los endemoniados». Inmediatamente me propuse: «Tengo que ir a ver a este hombre que hace que mis alumnos se duerman».

Una noche llegué a la ciudad de La Plata para participar de la campaña. Me asombré al ver la multitud que se había reunido. Como a la hora de iniciado el culto veo llegar con mucha prisa al hermano Annacondia. Trabajaba duramente en su comercio y a la noche iba a ministrar. Ascendió a la plataforma con su Biblia en la mano y tomó el micrófono. Apenas comenzó a hablar, sentí la tremenda unción del Espíritu Santo. Terminó de predicar, hizo el llamado evangelístico, y la gente comenzó a correr a través del campo hacia la plataforma. Lloraban, pidiendo por Dios. Rogaban por su salvación.

Me impactó la autoridad espiritual de aquel hombre. Cuando oraba por las personas, muchas caían al piso tocadas por Dios, y era llamativo observar la gran cantidad de endemoniados que caían dando grandes voces y eran retirados para que se les ministrase aparte. Muchos otros testificaron acerca de las sanidades recibidas. Terminada la reunión me acerqué para saludarlo y estrecharle la mano. Me fui de aquel lugar realmente conmovido.

Cuando viajo por el mundo, muchos me preguntan cómo surgió en Argentina este despertar en 1982, con el evangelista Carlos Annancondia. Fue el dolor, el sufrimiento de nuestra nación, lo que preparó los corazones para el evangelio. La guerra de la Islas Malvinas dejó una herida inmensa en el pueblo. Vivimos días tensos de gran tristeza al saber que muchos jovencitos morían inocentemente en aquel helado lugar. Nuestro orgullo dio por tierra ante la derrota. En el campo espiritual esta situación hizo que muchos corazones se abrieran al Señor. Precisamente después de aquella derrota, vino una tremenda victoria para el evangelio. Pudimos llenarnos de gozo al contemplar, en una sola reunión, como cinco mil personas entregaban sus vidas a Jesucristo. Y al día siguiente ocurría lo mismo. Eran noches que no quería perder. Iba a donde estaba el evangelista porque me gozaba al ver lo que Dios hacía; a pesar de que mi iglesia seguía vacía.

Un día, en una se esas reuniones gloriosas que se realizaban en grandes descampados al aire libre, me acerqué al hermano Annacondia y le dije: «Mire, usted no me conoce, pero tiene en su vida algo tremendo que yo no tengo, un fuego poderoso. ¿Podría orar por mí?» Él impuso sus manos sobre mí y fui bendecido.

El jueves siguiente, al mediodía, fui a su casa. Llevaba en mi mano un paquetito con masas dulces para compartir con él unos ricos «mates argentinos», bebida típica de nuestro país. Llegué, y llamé a la puerta. Carlos Annacondia salió a recibirme e inmediatamente le dije: «Hermano, vengo a orar con usted. Quiero ese fuego espiritual que usted tiene, quiero aprender». Había dado el primer paso hacia la victoria.

«Hermano, vengo a orar con usted. Quiero ese fuego espiritual que usted tiene, quiero aprender».

A partir de allí, todos los jueves, íbamos a su casa con otros pastores, un hermoso grupo de amigos, para tener comunión con él. Hiciera frío o calor, allí estábamos. En aquellos encuentros nos daba su testimonio, y luego orábamos en su habitación. Recuerdo que poníamos delante el mapa de Argentina, y pedíamos a Dios un avivamiento para cada lugar de nuestro país.

Eran momentos de frescura espiritual indescriptibles. Comencé a experimentar una revolución por dentro. Una nueva gracia de Dios estaba llegando a mi vida.

En mi pequeña iglesia comenzaron los cambios. El Señor se movía en las reuniones. Había fervor, celo evangelístico y hermosos testimonios. Poco a poco el salón de la iglesia se llenaba de gente, y notaba con alegría como el tiempo de la derrota iba quedando atrás.

Pero Dios quería sorprenderme con cosas aún mayores.

La visión de un nuevo campo

En el año 1985 tuve una visión de Dios en mi habitación. Serían las dos o tres de la madrugada. Estaba dormido. Repentinamente, Dios me despertó y me mostró una visión en la pared, delante de mis ojos. Vi la imagen de una plaza que pertenecía al barrio de Belgrano (dentro de la misma ciudad de Buenos Aires). En la visión, la plaza estaba repleta de personas que celebraban una campaña evangelística similar a las que realizaba Carlos Annacondia. Y el Señor me dijo: «Este es tu nuevo campo de trabajo».

Dios me mostró que quería manifestar su gloria en aquel sitio, y que deseaba movernos del lugar donde habíamos trabajado por tantos años.

Cuando lo comenté con mi esposa, ella no lo comprendió inmediatamente. Ahora que comenzábamos a marchar bien en Parque Chas, ¿debíamos trasladarnos a otro barrio? Sin embargo, estaba seguro de lo que Dios me había mostrado. Muchas veces el que recibe la visión es un solitario. Pocos lo comprenden. En aquella ocasión, Dios me había hablado solamente a mí, y todos los demás opinaban lo contrario. Era una situación difícil, y por demás desafiante.

Mientras mi corazón se debatía en estas cosas, cientos de hombres y mujeres que nunca había visto (pero encontraría luego en aquella plaza) caminaban perdidos, sin esperanza y sin Dios en el mundo. Muchos otros caminaban perdidos, sin esperanza y sin Dios en el mundo. Vidas que, como el varón macedonio de la visión de Pablo, clamaban a mi corazón: «Pasa a Belgrano y ayúdanos» (Hechos 16.9-10).

Aunque la oposición era mucha, y el desafío enorme decidí que no sería rebelde a la visión celestial (Hechos 26.19).

Preparación para la conquista

Fui a ver la plaza que se me había mostrado. Un cartel señalaba «Plaza Noruega». En aquel lugar se encontraban muchos drogadictos sentados en el suelo.

Comencé a tomar medidas del lugar, y analizar de dónde extraería electricidad para la campaña evangelística.

Un vecino que me observó acercándose me dijo: «Mire, yo no sé que van a hacer, pero por favor limpien la plaza, porque aquí está lo peor. En esta plaza se reúne la peor calaña de Belgrano. La semana pasada mataron a un hombre... » Oré al Señor internamente, ¿seguro que es esta la plaza que me mostraste» Aquel vecino siguió hablando: «Este es territorio del francés, un hombre peligroso».

En aquellos momentos libraba una dura batalla interior. Por un lado tenía la comodidad de mi pequeño rebaño que comenzaba a multiplicarse, y por otro lado el gran desafío de lo desconocido. Había también dificultades para conseguir un evangelista que predicase en aquella plaza. Todos los predicadores que invitaba no podían hacerlo por diferentes motivos.

En aquellos momentos libraba una dura batalla interior. Por un lado tenía la comodidad de mi pequeño rebaño que comenzaba a multiplicarse, y por otro lado el gran desafío de lo desconocido.

Un día orando al Señor le pregunté: «Señor, ¿Quién va a ministrar?» Y el Señor me respondió «TÚ». En un primer momento me quedé sin palabras, y luego comencé a discutir con el Señor: «Señor, jamás he predicado al aire libre en cruzadas, tú conoces mi timidez...» En esa etapa de mi vida era tan tímido que cerraba las ventanas de mi iglesia para que los vecinos no se asomaran a mirar. ¡Y Dios quería que hiciera la labor del evangelista!

A través de una reunión de jóvenes (un pequeño grupo de recién convertidos), el Señor me hizo llegar un mensaje. Mientras oraban, una jovencita comenzó a dar un mensaje en lenguas, que ella misma interpretó. Es interesante que la hermana nunca había visto, ni experimentado tal manifestación. Nadie le había hablado del don de lenguas ni de la interpretación, pero el Señor la usó para decirme: «Díganle al pastor, que yo le voy a dar poder para obrar sanidades, que voy a estar con él, y muchos se van a salvar». Esta palabra fue de gran aliento en aquellas circunstancias.

Fui a la policía y a las autoridades de la ciudad para solicitar los permisos correspondientes. En la policía me dijeron: «¿Ustedes van a estar allí? Entonces están más locos que los drogadictos...» Sucede que estos jóvenes a las ocho de la noche cortaban la luz de la plaza y en la oscuridad hacían cualquier cosa. Ni los vecinos pasaban por allí en aquellos momentos.

Decidimos comenzar la campaña evangelística el 7 de febrero de 1986. Iluminamos la plaza con guirnaldas de luces y armamos la plataforma. Algunos se acercaban a preguntar: «¿Cuándo empieza el corso?» Como era la época donde se festeja el carnaval, pensaban que estábamos montando un desfile o algo parecido.

¡Salvación y poder en el barrio de Belgrano!

Por fin llegó el día. Un hermano dirigía unas alabanzas, y decía a la multitud que se había reunido: «Y ahora, en unos momentos más… nuestro pastor y el mensaje de la Palabra de Dios». Alguien vino a buscarme. Estaba detrás de un árbol, bastante asustado por la responsabilidad, deseando que dilatara el momento de mi participación. Pero algo maravilloso sucedió cuando pisé la plataforma: un poderoso mover del Espíritu Santo vino sobre mi vida. Empecé a hablar, a predicar con unción. Los vecinos se habían detenido a mirar porque Dios estaba llamando la atención de toda la gente.

Aquel primer día una vecina, que vivía enfrente de la plaza, pasó a la plataforma cuando hice el llamado para recibir a Jesús. Tenía los ojos completamente desviados; oramos por ella; cayó al suelo y se levantó completamente sana. Muchas otras personas fueron sanas de sus pies planos; y algunos pasaron a testificar que Dios les había empastados sus muelas que estaban destruidas. ¡Era glorioso! Era emocionante ver cuanta gente respondía al llamado del Señor y se convertían arrepintiéndose de sus pecados.

Esa plaza había sido escogida por Dios para que muchos recibiesen una nueva vida mediante el evangelio de poder. Aún en los años siguientes seguiríamos ganando almas para el Señor en ese mismo lugar.

En una de aquellas gloriosas noches Juan Carlos Díaz encontró el cambio que tanto había esperado. Así relata su experiencia:

«Nos casamos con Delia cuando teníamos sólo veinte años. A pesar de mi juventud, era un hombre trabajador y responsable con mis obligaciones del hogar, pero a poco de casados comenzamos a discutir y pelear en nuestro matrimonio. El maltrato era mutuo, y tan grave, que comencé a esconder en mi corazón mucha amargura y resentimiento hacia ella. A veces no le dirigía la palabra durante días enteros. Mi baja estima, mis complejos, me hacían un hombre rencoroso y violento. Y con el tiempo las cosas fueron empeorando. Con vergüenza debo decir que llegué a golpearla. Mis hijos eran pequeños y pensamos que lo mejor sería separarnos. Ellos veían esas escenas de gritos y peleas... Era todo muy triste.

Los años pasaban y en vez de mejorar, empeorábamos. Caí en un pozo depresivo que tapaba con una fachada de hombre fuerte, que se llevaba el mundo por delante. Cuando me preguntaban como estaba siempre decía: «Bien». Pero a solas venían sobre mí la angustia, el temor y la soledad. Buscaba en amigos, bailes y mujeres llenar ese vacío, pero esas «diversiones» no cambiaban mi realidad. Me fui tornando violento y pendenciero. Infundía temor aún a mis compañeros de trabajo y a menudo me tomaba a golpes. En algunas de esas peleas, Dios me guardó la vida.

La primera en llegar al Señor fue mi esposa. Cuando nos mudamos a Belgrano ella escuchó que la Iglesia Rey de Reyes haría una cruzada en la plaza Noruega y decidió asistir. Aquella noche quedó impactada con el mover de Dios. Escuchó grandes testimonios de sanidad, drogadictos que eran libres de su adicción, personas deprimidas que contaban cómo Dios las sacó de su depresión... Cuando llegó a casa comenzó a relatarme cada uno de esos testimonios y me dijo: «Tienes que ir mañana». Y por supuesto le dije que no.

Pero al día siguiente, al salir de mi trabajo, decidí ir a buscar a Delia a la plaza Noruega, pero sorpresivamente ella no había ido. Me escondí atrás de unos árboles y comencé a escuchar las alabanzas. La pastora Betty cantaba un coro que decía: «Dicen que Dios no existe, no sé cómo puede ser... Si todos los días me encuentro y a solas converso con Él». Y me fui de aquel lugar. Al otro día en mi trabajo, ese coro seguía resonando en mis oídos vez tras vez. Era como si Dios me dijese: «Yo existo, soy real». Mientras trabajaba miraba el reloj y no veía la hora que fueran las veinte para salir e ir a la cruzada. Algo estaba pasando en mi vida, aunque yo no lo entendía.

La segunda noche que fui a la cruzada me oculté nuevamente detrás de los árboles. Pensaba: «¡Qué van a decir mis amigos si me ven con estos fanáticos!» Pero cuando veía la cara de los hermanos de la Iglesia, veía un rostro de paz. Dentro mío anhelaba lo mismo.

Desde mi escondite observaba todo. El pastor oraba y la gente se caía al suelo, los milagros sucedían en toda la plaza, la gente daba testimonio de lo que Dios estaba haciendo. Muelas empastadas por Dios, gente que dejaba de fumar, personas atormentadas por demonios que eran libres... Todo delante de mis narices.

A veces los pensamientos de incredulidad y escepticismo me dominaban. «Este pastor le paga a la gente para que se tire», me dije. Y no terminé de pensarlo cuando observé una joven que estaba paseando a su perrito en la plaza. Estaba como a unos veinte metros y no estaba atenta ni participando de la cruzada. En ese instante, ¡se cayó al suelo! ¡Y el perrito le lamía la cara para que se levante! Cuando lo hizo, miraba para todos lados. No entendía qué le había sucedido.

Conciente de que Dios era el que estaba actuando, me animé y me acerqué para que orasen por mí. Recuerdo que pensé: «Dios, si me amas, quiero que me tires». La pastora se acercó a mí y luego de orar por mi vida, no pasó nada especial. Y me sentí muy triste... Pero Betty volvió sobre sus pasos y me dijo: «El Señor te da la señal que pediste». Puso su mano sobre mí y caí al suelo tocado por Dios. Me fui a mi casa feliz. «Dios es real, existe», me repetía.

Al otro día, ya rendido, cuando escuché la predicación del pastor, fui el primero en pasar corriendo a recibir a Cristo como mi Señor y Salvador. Le dije: «Jesús, te necesito. Soy pecador...» Y comencé a confesarle mis pecados. Lloraba y lloraba. La angustia de tantos años de sufrimiento se derramaba con cada lágrima. «Cámbia-me», le decía. Un hermano de la iglesia se acercó a mí y me abrazó fuertemente, y me pareció que era Dios mismo que me abrazaba con su amor. Su paz me llenaba... Me fui de aquel lugar y quería decirle al mundo que Dios existe.

Cuando llegué a mi casa abracé a mi esposa llorando y le pedí perdón por todo el mal que le había hecho. ¡Mi vida cambió! Mis amigos no podían entender qué me había pasado. A todos les decía que me encontré con Jesús.

Hoy después de tantos años de vivir con Jesús, no tengo más que gratitud, toda mi familia, mi esposa y mis hijos, sirven al Señor. Y mi deleite es predicar el evangelio de Jesucristo. Este evangelio que me cambió la vida».

¡Tenemos un Dios maravilloso!

A un costado de la plataforma, todas las noches, estaban los drogadictos. Cuando los invité a conocer a Cristo pasaron corriendo.

Para sorpresa de todos, el francés fue el primero. ¡Tenemos un Dios maravilloso!

El francés

Sergio Marquet, «llamado el francés» es alguien especial para mí. Este hombre pasó de las tinieblas a la luz, y se consagró por completo al Señor. Su cambio fue tan llamativo que nadie le creía. La policía pensaba que era «una máscara», una nueva estrategia para seguir haciendo de las suyas. Después de su conversión pasaba todo el día en la iglesia. Oraba, leía la Palabra, y se encargaba de la limpieza. Vivía dedicado al Señor, muchos conocieron el Poder de Dios a través del testimonio de su vida. Así lo relata:

> Nací en París en 1973, hijo de madre francesa y padre argentino, nunca se casaron, y desde que tengo memoria vivieron separados. Cuando cumplí los cinco años de edad, la relación entre mis padres era insostenible. Mi padre la acusaba de desórdenes mentales y de tener actitudes violentas para con él. Un día le dijo a mi madre que se iba de vacaciones a Argentina, y que me llevaría para que me conociera su familia.
>
> Esas vacaciones nunca terminaron. Jamás regresaría a Francia, ni tampoco volvería a tener contacto con mi madre y mi hermano menor. En dos ocasiones aisladas mi madre viajó a Argentina para intentar inútilmente recuperarme por la fuerza. En sendas oportunidades, terminamos peleando en la calle o en la policía.
>
> Cuando tenía trece años mi padre enloqueció completamente. Así viví con él hasta los dieciséis años, y luego falleció. Todo mi entorno familiar me

había llevado a buscar satisfacción en otras experiencias. Observaba que las personas que trabajaban y se esforzaban tampoco parecían felices, así que resolví no ser uno de ellos. No viviría preso de la rutina. Aún antes de la muerte de mi padre consumía bebidas alcohólicas. Cuando él falleció pensé que quedaba libre para vivir mi vida, y del alcohol pasé rápidamente a la droga. Consumía marihuana y cocaína, y me prometía a mí mismo que jamás me iba a inyectar. Al tiempo, sin embargo, me di la primera inyección de morfina, y esta droga despertó en mí una gran pasión (y dependencia) por todas las drogas derivadas del opio. En ellas parecía encontrar una profunda satisfacción. Comencé a necesitarlas hasta para caminar. Todos sabían que «el francés» compraba y vendía droga en el barrio de Belgrano. Si alguno en la zona norte de la ciudad necesitaba «algo» sabía que en la casa o en la plaza, el francés tenía lo que buscaba.

Vivía en un departamento de dos ambientes legado por mi padre, que era un fiel reflejo de cómo estaba mi vida: no tenía ventanas, ni piso, ni luz; las paredes estaban destruidas y la puerta no cerraba. Allí convivía con un grupo de drogadictos y delincuentes. Por las mañanas nos levantábamos cada uno a hacer sus tareas; unos iban a robar y otros a buscar droga. Los vecinos de mi edificio vivían aterrados y cada uno de ellos había realizado en mi contra cuatro denuncias ante las autoridades. La policía me responsabilizaba por todo lo que tuviera que ver con drogas en Belgrano y tenía pendiente varias causas judiciales por tenencia de estupefacientes, tráfico, robo y falsificación de documentos. Dos veces allanaron mi casa, y estaba acostumbrado a que me llevaran detenido hasta dos veces por día.

Sabía de la existencia de Dios porque varios amigos me habían hablado diciéndome que Jesús era la verdad. Cada vez que me arrestaban le pedía a Dios que me sacara, le prometía que iba a cambiar y Dios me contestaba. Inexplicablemente, me daban la libertad. Les decía a mis «clientes» que Jesús era la verdad, y no la droga que les estaba vendiendo. Sin embargo, tenía en una mano el Nuevo Testamento y en la otra seguía llevando la droga.

Parábamos regularmente con un grupo en la plaza Noruega. En enero de 1986 se efectuaron allí treinta procedimientos policiales. Un día, nunca me voy a olvidar, vi caminando lentamente por la plaza a un hombre con las manos cruzadas en la espalda. Lo primero que pensé fue que era un policía, pero tiempo más tarde ese mismo hombre estaba sobre una plataforma iluminada hablando de Dios. Junto a mis amigos escuchaba de lejos. Creía que conocía a Jesús, pero poco a poco me daba cuenta de que ellos tenían luz y yo estaba en oscuridad. Todos los días estaba allí escuchando. Un día sentí que Dios me decía: «Es tu última oportunidad». No quería dejar la droga porque no conocía otra cosa, pero sentía una gran necesidad interior y pasé al frente cuando el pastor hizo el llamado. Al otro día volví a drogarme y fui a la campaña bajo el efecto de la droga. Pasé al frente a hacer la oración. Lo curioso es que al terminar, estaba completamente sobrio y me sentía bien. Así ocurría día tras día. Aquella noche, cuando Dios me habló, fui más drogado que nunca. No sé ni siquiera lo que habló el pastor, pero en un momento comprendí que

Cristo murió por mí. ¡No lo podía creer! ¡Jesús me amaba siendo un drogadicto rechazado por mi familia, por la policía, por los vecinos, por la sociedad...! Y no sólo me amaba sino que había dado su vida por mí. Me sentí tan indigno, tan sucio, que comencé a llorar. Lloré toda la noche. No podía parar de llorar al pensar esto. Cuando terminó aquel día, ya no era el mismo hombre.

Nunca más sentí deseos de drogarme, y con la misma pasión que me había volcado a las drogas, me volqué al Señor. Tuve que sortear la presión de mis amigos que me recriminaban el cambio y me hacían a un lado. Pero con el tiempo ellos reconocieron la obra de Cristo en mí. Era otra persona. Pude ver la misericordia de Dios hacia mi vida, pues Él sabía que en mi condición no podía ir a la iglesia. Entonces Él envió al pastor Claudio Freidzon a donde yo estaba, y me rescató. Hoy vivo en el mismo departamento, pero está nuevo. No hay dentro gente drogándose. Vivo con mi esposa, Belén y Micaela, las hijas que Dios nos dio. Con los años pude comprender porqué Dios me decía que era mi última oportunidad. En el año 1986 casi ni se hablaba del sida, pero a partir de allí empezó a difundirse terriblemente. Todos mis amigos con los cuales me inyectaba son portadores de aquel virus, y muchos ya murieron. Algunos están en la prisión.

No tengo palabras para agradecer a Dios el milagro que hizo en mi vida.

En el presente, Sergio Marquet es otros de mis pastores asociados y coordinador de mis cruzadas. ¡Gloria a Dios!

Dios avergüenza al enemigo

En aquella plaza viví poderosas experiencias. Recuerdo cómo se manifestaba el Señor libertando a los oprimidos del diablo. Decenas de personas manifestaban posesiones demoníacas y debíamos atenderlas en un lugar aparte. En una ocasión una budista se sentó frente a mí en la plaza. La joven había levantado una especie de altar con una vela encendida. Cuando reprendí al demonio que la tenía dominada, ¡«voló» hacia atrás con vela y todo! Dios avergonzó el poder de los ídolos.

Una noche un grupo de sicólogos se convocaron en la plaza «para estudiar el fenómeno». Observaban todo lo que hacíamos y luego se reunían en una pequeña ronda para deliberar. Una sicóloga se me acercó observándome como oraba por las personas y me dijo: «Enséñeme la técnica». Yo le dije: «¿Cuál técnica?» Ella me respondió: «La técnica de hipnosis porque yo uso la francesa. En la facultad me enseñaron esa técnica, pero me dijeron que uno tiene que hacer contacto visual con la persona, y usted a veces ni siquiera la mira. «¿Qué técnica es esa?» Yo le dije: ¡La técnica de Dios! y la puede recibir sólo aquel que se arrepiente de sus pecados y acepta a Jesús como Señor».

Frente a la plaza, en uno de los edificios, vivía una odontóloga que escuchó los testimonios de las muelas empastadas por el Señor, y dijo: «Voy a sacarle la máscara a esos mentirosos». Vino una noche, junto con su pequeña hija, dispuesta a mirarle la dentadura a todos los que testificasen la sanidad, para luego decir que era un engaño. Lo grandioso es que mientras orábamos, su hija comenzó a gritar: «¡Me quema, me quema!» La niña se señalaba la boca. Cuando la madre la miró encontró que tenía empastadas con platino todas sus muelas. ¡Sé manifestaba una gran victoria en los lugares celestiales!

Mi esposa... estaba sorprendida. «Realmente no eres tú cuando ministras. Esa seguridad, esas palabras...» ¡Y ella me conocía muy bien!

No siempre resultó fácil predicar. Muchos, alegando que la plaza era un lugar público, iban a perturbar. Otros nos insultaban o nos arrojaban cosas. Sin embargo, la experiencia espiritual era tan fuerte que yo por las noches no podía dormir. ¡No podía creer que estuviera viviendo aquello! Mi esposa, que en aquel tiempo estaba embarazada de nuestro hijo Ezequiel, estaba sorprendida. «Realmente no eres tú cuando ministras. Esa seguridad, esas palabras...» ¡Y ella me conocía muy bien!

Dios mostraba su gloria en aquel lugar del barrio de Belgrano. En su infinito amor, me había enviado a predicar las buenas nuevas a aquellos que estaban perdidos. Cruzó mis caminos con los de Daniel, con los de Sergio, y con los de tantos otros que tenían sus vidas destruidas. Pensó en ellos, y puso su visión en mí. ¡Qué hubiera sucedido si no hubiera obedecido! Gracias al Señor que Él pone así el querer como el hacer por su buena voluntad (Filipenses 2.13).

La victoria fue tremenda. En veinte días, mil vecinos rindieron sus vidas a Cristo. Había ido con un puñadito de hermanos y Dios me dio mil.

Así nacía la iglesia «Rey de Reyes» del barrio de Belgrano: en la calle, con unción, con poder y milagros. ***Hoy rondamos los veinte mil miembros y llevamos adelante un ministerio a las naciones.*** ¡Dios es maravilloso! Es un Dios de sorpresas gratas y victorias grandes. La vida cristiana es un constante crecimiento. El Señor tiene más para usted. Aún no lo ha aprendido todo. ¡Él tiene más!

Capítulo 5

«¡Es muy fuerte!»

Es necesario seguir creciendo en el camino de Dios.

Él tiene etapas maravillosas que aún debemos descubrir. Nos dice:

> *Clama a mí, y yo te responderé, y te enseñaré cosas grandes y ocultas que tú no conoces* (Jeremías 33.3)

Cuando entramos en el río de Dios, el Señor nos invita a internarnos en aguas más profundas, a alcanzar nuevas metas. Sin embargo, a veces podemos creer que hemos llegado a la profundidad cuando en realidad el agua sólo nos llega a los tobillos. Dios nos llama a crecer en nuestra dependencia y comunión con Él. El nuevo nacimiento y el bautismo en el Espíritu Santo son sólo los comienzos. El Espíritu nos dice: «No te quedes con lo que has recibido. Yo soy el río. Métete más y más adentro».

El capítulo 47 del libro de Ezequiel describe este hermoso cuadro. Ezequiel pasó por las aguas hasta los tobillos, luego hasta las rodillas, después se internó «hasta los lomos» y finalmente «era ya un río que[...] no podía pasar, porque las aguas habían crecido de manera que el río no se podía pasar sino a nado». (47.5). ¡Bendita experiencia! Cuando el profeta estuvo en las profundidades, vió cosas que antes ignoraba: «Y volviendo yo, vi que en la rivera del río, había muchísimos árboles a uno y otro lado [...] Y me dijo: [...] toda alma viviente que nadare por donde quiera que entraren estos dos ríos, vivirá; y habrá muchísimos peces por haber entrado allá estas aguas, y recibirán sanidad; y vivirá todo lo que entrare en este río» (Ezequiel 47.7-9). Es una clara lección. Cuando estamos en lo profundo del río y no tocamos el fondo, la corriente del Espíritu nos lleva hacia donde Dios quiere. Allí descubrimos la vida abundante, el crecimiento y la multiplicación. No nos quedemos en la orilla. Marchemos hacia adelante, hacia una nueva relación con Dios. En la intimidad con Jesucristo cosecharemos un fruto extraordinario, abundancia de peces. Seremos protagonistas en su Reino.

Cuando entramos en el río de Dios, el Señor nos invita a internarnos en aguas más profundas... a veces podemos creer que hemos llegado a la profundidad cuando en realidad el agua sólo nos llega a los tobillos.

Esta ha sido mi experiencia. El Señor me llamó a aguas más profundas, a transitar nuevas etapas. Al encontrarme con Él, descubrí que si era «llevado por su río» podía utilizarme como un instrumento poderoso para bendecir a otros. ¡Usted también puede experimentarlo!

Un nuevo mover del Espíritu en Argentina

El año 1992 representa un nuevo tiempo en mi ministerio. Dios vertió un salero en mi lengua. Me dio una sed espiritual intensa que necesitaba saciar. ¡Hambre del Espíritu Santo! Y no sólo llenó mi copa con su Espíritu, sino que la hizo rebozar hacia los demás.

Lo que comenzó en mi corazón como una búsqueda personal afectó multitudes que llegaron a nuestra iglesia para beber del Espíritu Santo. Contingentes de todo el país, y aún del extranjero, llegaron para recibir más de Dios y llegaron sin que hubiera una invitación ni publicidad. Fue un movimiento espontáneo del Espíritu que nos reunió para celebrar gloriosamente. Fueron tiempos de restauración, momentos tan poderosos bajo la presencia de Dios que me llevaban a exclamar: «¡Es muy fuerte!» «¡Su presencia es muy fuerte!» Jamás hubiese imaginado vivir tales experiencias.

El pastor Donald Exley es el supervisor de todos los misioneros norteamericanos de las Asambleas de Dios en el Cono Sur, un hombre de Dios muy respetado por todos. Este hermano, junto al pastor Brad Waltz, escribió un artículo en la revista de misiones extranjeras de las Asambleas de Dios *Mountain Movers,* acerca de lo ocurrido en aquel momento. El título de la nota es: «Una nueva onda del poder del Espíritu Santo». Transcribo algunos fragmentos de su informe:

> Cuando Claudio volvió a su iglesia una inusual presencia del Espíritu Santo lo acompañaba durante los cultos. A medida que la congregación entraba en la adoración, algunos se volvían «como ebrios» en el Espíritu y no podían estar de pie, otros reían en el Espíritu o caían bajo el poder de Dios. Cada culto duraba seis o siete horas. Afuera, cientos de personas esperaban en filas que se extendían alrededor de la manzana para entrar a la iglesia.
>
> Los testimonios de manifestaciones milagrosas se difundieron y pastores de diferentes denominaciones

vinieron a ver lo que estaba sucediendo. Cuando Claudio oraba por estos pastores, ellos recibían una nueva y fresca unción y la llevaban a sus iglesias.

Finalmente, en un intento para encausar las multitudes, Claudio alquiló un estadio con capacidad para seis mil personas sentadas, cerca de su iglesia, todos los martes en la noche. Condujo reuniones especiales para pastores y gente de otras denominaciones en este estadio. Les pidió que no asistiera gente de su iglesia, pues las multitudes eran más de lo que la iglesia podía recibir.

Una característica del avivamiento es el énfasis en la adoración y la alabanza. Los misioneros informan que la gloria parece descender en las reuniones. Algunas personas lloran durante el culto entero, otros se ríen. La unción viene a través de la alabanza y la adoración. «La presencia de Dios desciende a medida que nos sumergimos para adorarlo», dijo Claudio:

El avivamiento ha traído una renovada hambre de Dios evidenciada por las lágrimas de arrepentimiento derramada por pastores y laicos igualmente. El énfasis en la santidad personal ha hecho que mucha gente cambiara su estilo de vida. Se gasta menos tiempo mirando televisión. Los pastores hablan de las horas pasadas en oración y de un nuevo gozo en el ministerio [...] En diciembre de 1992, Claudio alquiló un auditorio con doce mil butacas, el más grande de Buenos Aires, para realizar un culto. Cuando el edificio estuvo lleno y la policía cerró las puertas, todavía estaban esperando afuera veinticinco mil personas. Clausuraron dos avenidas principales, y la gente esperó allí tres horas para un segundo culto. Entre aquellos que estaban esperando, a dos cuadras del auditorio, había una mujer muy rica que no era salva. Se sentía muy desdichada y pensaba en suicidarse. El poder de Dios la tocó y cayó al piso. Los creyentes se reunieron a su alrededor y la condujeron a Jesucristo. Una semana más tarde ella daba testimonio de lo que Dios había hecho en su vida [...] Y aunque el avivamiento comenzó en la iglesia de Claudio, se extendió a cientos de pastores e iglesias.

¡Dios enviaba un fresco viento sobre su pueblo! ¡Tiempos de renovación!

También el hermano Brad Waltz publicó en aquella ocasión una nota muy interesante donde se dirige al pueblo norteamericano y pregunta:

¿Qué puede aprender la iglesia norteamericana del avivamiento argentino? ¿Cuán cerca están los norteamericanos pentecostales de sus raíces?

Si el avivamiento de la calle Azuza sucediera otra vez, ¿Cuán abiertos estaríamos a las manifestaciones espirituales que condujeron a la formación de nuestro movimiento pentecostal?

El año pasado, cuando nos íbamos de Argentina, la comitiva que vino de Estados Unidos decía: «Los creyentes argentinos oraron por nosotros, así como nuestros hermanos norteamericanos lo hicieron cuando fuimos enviados a Argentina, cinco años atrás. Oraron que podamos traer a Estados Unidos parte del avivamiento que está teniendo lugar en Argentina».

¿Puede la iglesia norteamericana aprender algo del avivamiento en Argentina? Creo que sí:

1) *El avivamiento en Argentina no es prolijo ni ordenado.*

A los norteamericanos les gusta que todo esté organizado y previsto. ¿Deseamos dejar a un lado todo nuestro programa y permitir a Dios moverse? En 1 Reyes 8.10-11 se narra de una ocasión en que la gloria de Dios llenó tanto el templo, que los sacercerdotes no pudieron realizar sus tareas. Cuando la gloria de Dios desciende en las iglesias interrumpe las actividades normales. ¿Podemos echar a un lado nuestra necesidad de lo previsible?

2) *No podemos vivir en el pasado.* Los relatos de lo que Dios hizo en la calle Azuza, no satisfarán a esta generación. Ella quiere experimentar un mover de Dios hoy.

3) *No podemos permitir que las manifestaciones físicas que no comprendemos, o que nos disgustan, nos distraigan de lo que Dios está haciendo.*

Algunas veces quedamos sorprendidos porque las experiencias no encajan con nuestras tradiciones. Nuestros antecesores pentecostales fueron llamados «rodadores santos», porque no tenían cultos de adoración pasivos, silenciosos ni previstos.

4) *Dios puede enseñarnos a través de nuestros hijos espirituales.*

A veces nosotros los norteamericanos miramos nuestras relaciones con otras nacionalidades a través de un modelo padre-hijo. Nos vemos a nosotros mismos como más maduros, aún superiores, pero las iglesias en otras naciones han madurado. Nosotros necesitamos mirar a sus sobreabundantes multitudes y preguntar: ¿Qué están haciendo para crecer? ¿Qué podemos aprender de ellos?

Una de las cosas que la iglesia argentina nos podría enseñar es a ser pentecostales intrépidos y poder experimentar el poder sobrenatural de Dios de manera regular. Podrían decir: «Simplemente estamos haciendo lo que ustedes nos enseñaron. Estamos permitiendo al Espíritu Santo ser más importante que la capacidad o sabiduría humana».

Nosotros, los norteamericanos, necesitamos un toque fresco de Dios para soplar vida a una generación que no ha experimentado su propia calle Azuza.

Mi esposa comentó: «Cuando estoy buscando a Dios en el altar junto a creyentes argentinos, no soy una misionera, alguien con un título especial. Soy simplemente una persona que necesita un toque de Dios como cualquier otra».

Lo norteamericanos no somos especiales. Somos un pueblo necesitado. Por años la iglesia norteamericana oró por Argentina; ahora la iglesia argentina está orando por nosotros.

¿Mantenemos la vida en el Espíritu que nos hizo existir o nos convertiremos en una organización cuyo propósito principal es su propia supervivencia?

¡Que Dios conteste las oraciones argentinas y conceda a esta generación de norteamericanos renovación espiritual!

Así reseñaban estos misioneros el nuevo despertar espiritual que disfrutamos en Argentina y vemos florecer en otras partes del mundo.

«¡Mirad cuan bueno y cuan delicioso es!»

Muchos me han preguntado: «¿Cuál ha sido la clave que le permitió vivir todo esto?» Normalmente contesto: «Pedir ayuda y saber recibir de los demás». Sabemos que se debe tener una buena relación con Dios, pero no siempre valoramos suficientemente los beneficios de la unidad.

El Salmo 133 nos enseña que la unción de Dios sobre nuestras vidas depende en gran medida de nuestra armonía con el Cuerpo de Cristo. La primera figura que nos presenta el salmista es la iglesia como casa de familia: «¡Mirad cuán bueno y cuán delicioso es habitar los hermanos juntos en armonía!» (Salmo 133.19). Debemos poner mucho cuidado en guardar la unidad y el espíritu fraternal. En nuestra congregación enfatizamos mucho este punto y propiciamos, a través de grupos de discipulado y retiros, ese clima familiar de amor tan necesario para un sano crecimiento.

Pero es también importante a nivel ministerial. Cuando Dios manifestó este nuevo mover en Argentina yo era presbítero de las Asambleas de Dios, en la ciudad de Buenos Aires. Recuerdo con gratitud los buenos momentos que disfrutamos en las reuniones del presbiterio. Orábamos buscando la excelencia para Dios. Planificábamos actividades y encuentros de comunión entre pastores que desarrollábamos en mi distrito con preciosos consiervos, amigos en la obra de Dios. A menudo nos uníamos en desayunos de trabajo, encuentros de oración, días de campo con buen fútbol, además de conversar de nuestros desafíos y aprender los unos de los otros. ¡Es delicioso habitar los hermanos juntos en armonía, valorar a los hermanos que Dios nos dio!

> *Es como el buen óleo sobre la cabeza, el cual desciende sobre la barba, la barba de Aarón, y baja hasta el borde de sus vestiduras* (Salmo 133.2).

Para lograrlo hay tres requisitos:

1) *Debemos estar unidos en amor* (Efesios 4.1-3)

La paloma del Espíritu reposa sobre hombres y mujeres mansos y perdonadores. La amargura, la gritería, el resentimiento y las críticas contristan al Espíritu. Al romper la unidad, dejamos de participar de la vida del cuerpo. Levantamos una muralla al fluir del aceite divino. ¡Dios nos guarde de tales cosas!

La paloma del Espíritu reposa sobre hombres y mujeres mansos y perdonadores. La amargura, la gritería, el resentimiento y las críticas contristan al Espíritu.

2) ***Debemos estar en el lugar que nos corresponde ejerciendo el don que hayamos recibido*** (Romanos 12.3-4)

La unción fluye para que cumplamos el ministerio ordenado por Dios. Si «nos desviamos» del lugar que nos corresponde en el cuerpo, no nos llegará «el buen óleo» que desciende desde la cabeza. Cada una de las doce tribus de Israel tenía una bandera y una función muy particular que Dios le había encomendado (Números 2.2). Los levitas tenían asignado una enseña y una función: el cuidado y guarda del tabernáculo. Judá era la tribu que iba adelante en las batallas... Cada una tenía sus responsabilidades.

El Señor es un Dios de diversidad. Fuera del tabernáculo, cada uno tenía su tarea, pero alrededor del tabernáculo eran uno. Así también, en el cuerpo de Cristo conozco hermanos con el ministerio de plantar escuelas, otros de fundar institutos bíblicos, otros trabajan con drogadictos, otros ministran a los niños, otros hacen dramas en las calles para ganar a los perdidos. La gracia de Dios es multiforme. El Señor quiere que mantengamos nuestra identidad, teniendo en cuenta para qué Dios nos puso en esta tierra. Usted ha recibido una función, un ministerio, y Dios le otorga la capacidad espiritual para ejercerlo en su nombre. Necesitamos que todos los ministerios estén en acción llevando la obra de Dios hacia delante.

Estas verdades me ayudan en mi crecimiento. Al poco tiempo de convertirme, el Señor comenzó a inquietarme sobre el servicio y le comenté a mi pastor mis deseos de predicar. Como era un hombre sabio, me mandó a un barrio de emergencia, de extrema pobreza, denominado «La Cava». Era una zona bastante peligrosa, donde la iglesia tenía una Escuela Dominical. El pastor me dijo: «Tu congregación estará compuesta de niños con sus padres. Si en verdad Dios te encargó este ministerio, tendrás la misma pasión por lo niños que por los mayores». Preparé con diligencia mi sermón, pero cuando llegué a aquel lugar, me encontré con una realidad diferente. Los niños estaban sucios y tuve que aprender a limpiarles la nariz. ¡Fue mi primer ministerio!

No hay tareas más importantes que otras. Todas nos las da Dios y van a tener su recompensa. Asegúrese de servir a Dios en el lugar que lo ha puesto. ¡Es de mucho valor para Él!

3) ***Debemos obedecer a nuestras autoridades y recibir el consejo de los hermanos*** (Romanos 13.1; Efesios 5.21)

Teniendo en cuenta que «el buen óleo» viene desde arriba hacia abajo, será de vital importancia nuestra relación con nuestras autoridades.

No hay tareas más importantes que otras. Todas nos la da Dios y van a tener su recompensa.

Dios no bendice a los rebeldes, ni a los autosuficientes. Nos enseña a ser dóciles al consejo y corrección de los pastores y hermanos mayores. Estar bajo autoridad, en obediencia, nos confiere autoridad de Dios para el ministerio (Mateo 8.9).

El Señor, dentro y fuera de mi propia fraternidad, me bendijo a través de instrumentos suyos que me ayudaron a vislumbrar nuevos horizontes.

Comprobé lo delicioso de la comunión y sus efectos positivos para nuestro crecimiento. Efesios 4.16 cobró vida en mi experiencia: «Todo el cuerpo, bien concertado y unido entre sí por todas la coyunturas que se ayudan mutuamente, según la actividad propia de cada miembro, recibe su crecimiento para ir edificándose en amor».

«¿Cuánto tiempo dedicas para oir al Espíritu Santo?»

En 1987, ya establecido en el barrio de Belgrano, vivía una nueva etapa como pastor. Fue en aquel tiempo que el pastor Osvaldo Carnival me invitó a conducir con él un programa radial evangelístico llamado «Un mundo dentro de otro». Salí al aire en vivo todos los días de cuatro a cinco de la madrugada. Fue hermoso comprobar que aquello que comenzó como una tarea ministerial conjunta rápidamente se convirtió en una genuina amistad que bendijo nuestras familias. En relación al ministerio, aquella experiencia radial fue el inicio de un cada vez más creciente y comprometido ministerio en la radio y la televisión.

A inicios de 1992, mis días eran intensos. Por las mañanas conducía programas radiales de evangelización. Luego atendía las oficinas de la iglesia y todas las consultas pastorales. Por las noches enseñaba o predicaba en las reuniones. Mi congregación, la iglesia «Rey de Reyes», se encontraba en franca expansión con más de dos mil miembros regulares.

Vivía jornadas intensas de hasta catorce horas los siete días de la semana. Durante muchos años, mis vacaciones se limitaron a cinco días, de un lunes a un viernes, porque no me permitía faltar un fin de semana a la iglesia. ¡Estaba realmente ocupado! Después de difíciles años en el ministerio, al fin estaba cosechando grandes logros. Sin embargo, intuía que algo me faltaba. Tenía una necesidad que no alcanzaba a discernir.

La respuesta me llegó con motivo de la visita de un querido hermano, el pastor Werner Kniessel. El hermano Werner es el pastor de la iglesia más grande de Suiza, ubicada en Zurich, y fue misionero en Argentina durante muchos años. Precisamente, lo conocí cuando él era directivo en el seminario donde yo estudié. Para abonar mi arancel de estudiante, trabajaba como secretario de Werner por las tardes, al finalizar las clases, y llegamos a conocernos muy bien. Sus sabios consejos me bendijeron mucho en aquel tiempo de mi formación.

Después de varios años, nos reencontramos para compartir una buena cena en un restaurante y disfrutar de la muy excelente carne argentina (que Werner extrañaba tanto). Nos pusimos a conversar animadamente. Había participado aquella noche en un culto en nuestra iglesia y había sido maravilloso. Me sentía muy feliz de hablarle de toda la obra que Dios había hecho en mi vida últimamente. Comencé a contarle en detalles sobre mis múltiples actividades, y para ser sincero, esperaba de Werner una felicitación. Pensaba que tal vez diría:

«¡Ah, Claudio, que bueno es ver todo lo que el Señor te ha dado!» Sin embargo, se limitó a hacerme una pregunta que estremeció mi vida: «Claudio, ¿Cuánto tiempo dedicas para oír al Espíritu Santo?» ¡Casi se me queda atragantado el bocado que tenía en la boca! Continuó: «Has crecido mucho y la iglesia está hermosa, pero hay algo que no estás haciendo bien. El Espíritu Santo quiere hablarte y no tienes tiempo para escucharlo». En aquel momento comprendí lo que sintió Moisés cuando su suegro, Jetro, le habló de parte de Dios, y le dijo: «No está bien lo que haces» (Éxodo 18.17).

Es interesante considerar que Moisés antes de ver y palpar la gloria de Dios en el Sinaí, tuvo que tomar algunas

«Has crecido mucho y la iglesia está hermosa, pero hay algo que no estás haciendo bien. El Espíritu Santo quiere hablarte y no tienes tiempo para escucharlo».

decisiones importantes. Necesitó aprender a delegar responsabilidades y hacer ajustes en su rutina. Jetro le dijo: «No está bien lo que haces. Así no puedes seguir. Estás demasiado sobrecargado». Moisés era un hombre manso, sabio. Era un líder que conocía a Dios; sin embargo, cometió errores y necesitó corrección. Si hubiera rechazado el consejo, si no se hubiera desprendido de esas cargas, tal vez no hubiera escuchado la voz de Dios llamándolo para un encuentro glorioso en el monte Sinaí.

Debemos aceptar cuando alguien espiritual viene con una palabra de Dios, o cuando el Señor mismo nos habla por las Escrituras. En mi caso, después de oír a Werner, sentí una urgente necesidad de detenerme para replantear muchas cosas. Ahora comprendía lo que estaba necesitando.

Siempre había mantenido con regularidad mi vida de oración, y me preparaba espiritualmente para cada una de las tareas que debía realizar, pero había un nivel de comunión con el Espíritu Santo que nunca había explorado. Durante años fui profesor de teología, y enseñaba la materia «Espíritu Santo», sus nombres, sus atributos. De repente, el Espíritu Santo dejó de ser «una materia» y se presentó delante de mí como una persona viva. Decidí entonces viajar a Estados Unidos para disfrutar de un tiempo de oración con el hermano Benny.

Fuimos con Betty al Centro Cristiano de Orlando con gran expectativa. La atmósfera de aquel culto estaba cargada de gloria, y la adoración subía delante de Dios en una forma profunda y sublime. No quería perderme detalle de aquel momento. Sólo anhelaba estar con el Señor, encontrarme con Él y conocerlo más...

Uno debe ponerse al lado de los que andan bien espiritualmente. Si se rodea de derrotados y pesimistas, terminará también turbado y con dolor de cabeza.

Cuando el pastor Benny me invitó a orar con él en la plataforma, me sorprendió. Él no me conocía personalmente, pero el Espíritu Santo lo guió a orar por mí de una manera maravillosa. Todo formaba parte del plan divino. Dios tenía un nuevo tiempo para mi vida y mi ministerio.

Con los años cultivamos una hermosa amistad con el pastor Benny Hinn, a quien amo y respeto. Cada vez que nos encontramos sentimos la afinidad de estar unidos por esta misma pasión: conocer más al Espíritu Santo y ser guiados por Él.

Es justo que reconozca también a un precioso hermano que forma parte del equipo del pastor Benny. Se llama Kent Mattox. Kent fue sensible a la obra del Espíritu Santo en mi vida y Dios lo usó como nexo para aquellos encuentros iniciales con el pastor Benny Hinn. ¡Gracias por su vida!

Cambios en la iglesia

Recuerdo una noche, mientras realizaba un viaje ministerial, que al entrar en la habitación del hotel donde me hospedaba, sentí que «alguien» entraba conmigo.

Me arrodille a orar y allí estaba Él. La presencia del Espíritu Santo era una realidad palpable, ¡gloriosa! Era una visitación del Espíritu Santo. Una comunión íntima y fresca nació en mi ser. A partir de allí, durante noches enteras, no dormía para tener comunión con Él. Descubrí una oración de poder, con profundo significado, con «peso» espiritual: Adorar a Cristo, oír su voz, callar ante su majestad, postrarme ante su amor.

En nuestra iglesia, la presencia de Dios comenzó a manifestarse con poder de una forma sorprendente.

Recuerdo el primer culto luego de estas frescas experiencias con Dios en oración. Hice un llamado al altar para todos los que habían ido por primera vez. Pasaban quebrantados, llorando. Me preguntaba: ¿Qué los conmovió tanto? No había hecho nada extraordinario, pero todos, convencidos por el Espíritu Santo, decían: «Señor, perdona mis pecados», lloraban y confesaban delante de Dios. Después giré la cabeza y miré a un colaborador, y un grupo de personas de aquel sector cayeron al suelo y comenzaron a orar. ¡Giré la mano hacia otro sector y sucedió lo mismo! Una atmósfera de poder envolvía a la iglesia. Tenía nueva vida. Estaba sorprendida.

En aquellos días recibí un mensaje directo del Señor. Dios me decía que me ponía «como una puerta para Argentina» ¿qué significa que sería «una puerta para mi país»? No lograba discernirlo completamente.

Al poco tiempo, apenas un par de meses después, multitudes de todo el país se agolpaban en mi iglesia. Cientos de pastores nos visitaban cada semana. De todas las ciudades del país recibía invitaciones de los consejos pastorales para celebrar cruzadas en grandes estadios.

Sin publicar en modo alguno mi ministerio, venían incluso del extranjero para invitarme. Alababa a Dios por su grandeza.

Entendí que el Señor, en su soberanía y misericordia, me había escogido como una puerta para traer una renovación a su pueblo, para que muchos volviesen a su primer amor. ¡Comenzaron tiempos de gloria!

«Porque Jehová no mira lo que mira el hombre»

No puedo comprender la elección de Dios. Ni siquiera merezco la salvación, y Dios me tuvo en cuenta para su servicio. Si me hubiesen dicho hace dieciocho años atrás que todo esto iba a sucederme, hubiera contestado: «¡Imposible!» Jamás hubiera pensado que Dios podía fijarse en mí para servirlo en esta dimensión. No tenía grandes cualidades, ni carisma, ni dinero: pero el Señor no buscó estas cosas. Tampoco las buscó en David según lo que le dijo a Samuel: «No mires a su parecer, ni lo grande de su estatura, porque yo lo desecho; porque Jehová no mira lo que mira el hombre; pues el hombre mira lo que está delante de sus ojos, pero Jehová mira el corazón»(1 Samuel 16.7).

Recuerdo cuando levantamos la iglesia en el barrio de Belgrano. Muchos lo intentaron antes que nosotros. En aquellas oportunidades, buscaban el gran hombre de Dios para la zona; alguien que supiera tratar con los empresarios y profesionales que vivían en Belgrano. Con el tiempo, Dios me llevó allí. Nunca estuve en los planes de nadie. No figuraba en ninguna lista de candidatos, pero Dios se acordó de mí.

Me identifico con David. Estaba con las ovejas, era un hombre de campo, rústico; no participaba de los compromisos sociales de importancia. Su compromiso era estar con las ovejas, detrás del rebaño. Y de allí lo sacó Dios, de detrás de todo, para darle el lugar que tenía preparado.

Tengo un afecto especial por los pastores del interior del país que sirven calladamente en las pequeñas ciudades y poblados. Me gusta pasar tiempo con ellos. Dios los ama entrañablemente, aunque pocos parezcan tenerlos en cuenta.

Tal vez ningún hombre pensaría en usted al hacer sus planes, pero déjeme decirle algo: Dios se acuerda de usted. Tiene planes para su vida, que a su tiempo, le dejarán asombrado. El Señor romperá los pronósticos y sobrepasará cualquier expectativa. Si busca esa permanente relación con el Espíritu Santo, la gracia, los talentos, los pone Dios.

¡Alégrese, Dios lo ha escogido!

Capítulo 6

Las maravillas de Dios

Cuando el Espíritu Santo se manifiesta poderosamente, suceden grandes milagros. Los asistentes a este mover experimentan cambios en su relación con Dios y en sus circunstancias que son extraordinarios. ¡Es precioso lo que Dios hace! Mi corazón se llena de gozo cuando una persona afirma: «Mi vida estaba arruinada, y Jesucristo me salvó y me transformó». Es similar a la experiencia del ciego que Jesús sanó: «Una cosa sé, que habiendo yo sido ciego, ahora veo» (Juan 9.25). Por eso no ceso de exclamar: ¡Mi Dios es real! ¡Sigue obrando maravillas!

En este capítulo transcribo algunos testimonios que he recopilado como fruto de nuestro ministerio. Los mismos fueron relatados en diferentes cruzadas y en nuestra congregación. Otros son testimonios de pastores y hermanos que nos escribieron para contar las bendiciones recibidas. Son testimonios que alentarán su fe en medio de las pruebas, lo ayudarán a creer en el milagro para su propia vida. Usted se unirá a los que dicen como el salmista:

«Proclamad entre las naciones su gloria, en todos los pueblos sus maravillas» (Salmo 96.3).

EL PASTOR PEDRO IBARRA

A los pocos días de experimentar esta renovación del Espíritu Santo, como pastor de la iglesia y presbítero de las Asambleas de Dios, tuve el privilegio de recibir a todos los presbíteros del país y la junta ejecutiva nacional para celebrar en nuestra iglesia una reunión administrativa, de acuerdo a nuestro calendario anual. Al llegar la noche, cuando comenzaba el culto en nuestra congregación, los presbíteros decidieron quedarse para participar del mismo. El pastor Pedro Ibarra, como vicepresidente de las Asambleas de Dios, fue uno de los presentes. Este es su testimonio de lo sucedido:

> ¡Qué maravilloso fue aquel día! Recuerdo la reunión con el liderazgo de la Unión de las Asambleas de Dios. Fue una jornada de trabajo administrativo: papeles, situaciones para considerar de la obra de Dios en todo el país y otros temas. Nos reunimos en la iglesia «Rey de Reyes» de Belgrano, que pastorea mi buen amigo Claudio Freidzon.
>
> En esos días se hablaba mucho sobre los cultos gloriosos con poderosas e inusitadas manifestaciones, notaba alegría y una expectativa atrapante. Por este motivo, durante aquella jornada y a pesar de nuestra cargada agenda, comentábamos y hacíamos planes con otros pastores amigos para quedarnos al culto por la noche.
>
> Habíamos escuchado tantas cosas, que casi no podíamos esperar el comienzo del servicio. Me preguntaba: ¿Qué pasará? ¡Tenía grandes expectativas!

Mi asombro creció cuando vi muchísimos pastores, no sólo de nuestra organización, sino de otras diferentes denominaciones, todos convocados por el mismo Espíritu.

Se respiraba una atmósfera cargada de unción, esa unción que todo lo llena. Y de repente... apareció el pastor Claudio. Lo vi fresco, sonriente, distendido. Pensaba ver a mi amigo preocupado por la responsabilidad de ministrar y dar respuesta al hambre de Dios que tenía la gente; pero no era así. Evidentemente estaba bajo la unción. Se veía bien. ¡Qué paz! ¡Qué naturalidad! Inspiraba confianza mientras saludaba a los pastores, dándoles una cálida bienvenida.

Aquella atmósfera de unción se acrecentó durante el servicio, y el momento culminante (que completó mi asombro y perplejidad), fue cuando vi al pastor Claudio Freidzon ministrando. Sin distinciones de rangos ni jerarquías, los ministros, quebrantados y hambrientos de Dios, recibían la poderosa presencia del Espíritu Santo. Unos reían, otros lloraban, algunos temblaban y otros caían como desmayados. Todos eran hombres de trayectoria. ¡Esto no era emocionalismo! Era la viva presencia de Dios, esa presencia que mi amigo buscó de tantas formas y que fue tema obligado en nuestras largas charlas en esos días en que presentíamos que Dios tenía mucho más para nuestras vidas y que ahora observaba plasmarse en una realidad casi increíble...

Desde aquel día contemplo iglesias llenas y estadios con multitudes atraídas por Dios. Todo esto, dentro y fuera del país. Ha habido pastores de otras naciones que han regresado de la Argentina con sus ministerios totalmente renovados, y a través de ellos también sus iglesias fueron renovadas.

Cuando esta ministración me fue impartida, entre en un profundo quebranto de clamor y lágrimas. Dios mismo trató con mi vida, mostrándome cosas a las que debí morir para honrar el precio de su maravillosa bendición. Por eso aprendí que si su presencia es importante, igualmente importante es la vida que la sostiene. Entendí que no es la unción la que sostiene mi vida, sino que mi vida es la base y el sustento de la unción.

En mi humilde experiencia, creo que algunos ministros se quedaron en el camino porque encontraron sólo el toque. Pero el toque de Dios es sólo el comienzo. Luego viene la entrega, la rendición. ¡Qué caro es el precio!

Por esto, es mi oración: ¡Oh Dios! Ten paciencia conmigo, por favor. Inténtalo una y otra vez hasta que lo hayas logrado.

Hoy, al paso de los años, veo que esta unción está intacta en su contenido e intensidad. Permanecen todos los condimentos con que se inició en nuestro medio. Su variante es la de haberse profundizado mediante cambios radicales en las vidas, mediante el conocimiento de su maravillosa persona. Ya no impactan tanto las novedades de las formas. Lo que más interesa es un encuentro personal y una comunión con el Espíritu Santo, junto a un amor profundo y renovado por su Palabra, aspectos que luego se traducen en cultos alegres y jubilosas alabanzas que nos preparan para una genuina adoración.

Hubo asuntos que corregir en sus formas, pero no en lo esencial. Siempre será prudente ante un mover del Espíritu Santo que seamos cuidadosos en no apagar la vida de Dios y cooperar para que se mantenga en el cauce correcto.

Queridos Betty y Claudio, por siempre... ¡Gracias!

Resultados de una vida renovada

Cuando el Espíritu Santo llena a una persona se producen en ella cinco cambios profundos:

1) *Un renovado amor por Dios.* Una hermana de Inglaterra testificó en una reunión: «Cuando el Espíritu Santo vino de una manera fresca a mi vida, dijo: «Quiero tu corazón, quiero tus entrañas, sentir tu anhelo». Y me di cuenta que gritaba y aún me sacudía como si fuera un espasmo de amor, un anhelo por Dios. Ahora sencillamente, amo más a Jesús, ¡y lamento mucho no haberlo amado antes de esta manera! Amo más a la gente y anhelo su salvación. Alguien me profetizó hace dos años, que «del lugar hueco iba a salir algo dulce». Ahora sé que es amor por Jesús, no hay nada más dulce».

Otra hermana del mismo grupo de ingleses, que lideraba una congregación, dijo: «Vine porque había llegado al límite de mis fuerzas. No había poder en mi ministerio, había perdido la esperanza, y mi amor por Jesús se debilitaba cada vez más. Sabía que no podía seguir así. En mi primer visita a Argentina observé algo entre ustedes que no conocía: tenían libertad para amar a Jesús, una gran generosidad. Luego que oraron por mí, mi esperanza fue restaurada. Mi fe regresó».

2) *Un renovado culto a Dios.* Un hermano canadiense vino a participar de un seminario en Argentina y tuvimos oportunidad de disfrutar juntos un tiempo de oración. Me escribió desde Canadá:

> En los dos servicios de la mañana hablé de todo lo que vi y experimenté mientras estuve en Argentina. En el servicio de la tarde hubo un derramamiento del espíritu de gozo. La iglesia tenía mucha gente llena del Espíritu de Dios. Unos reían y eran también sanados. Fue como si el cielo se hubiera abierto y una lluvia descendiera sobre nosotros. Personas con depresión fueron libertadas. Otros que sufrían de insomnio pudieron dormir toda la noche. Una mujer contó que su marido estaba sufriendo un período de estrés en su vida y el domingo a la noche, luego de haber estado en el servicio, comenzó a cantar en sus sueños. El temor fue expulsado de muchas vidas.
>
> Otros han contado que la inhibición por reírse se les ha ido. También a muchos la Biblia se les ha hecho una realidad. Sentimos como si una frazada se hubiera desprendido de nosotros y el gozo del Señor se ha convertido en nuestra fortaleza. La gente se siente más cerca de Dios y muy tocada por su amor. Al experimentar este derramamiento del Espíritu Santo como está descrito en Joel 2 y Hechos 2, percibimos que el mismo poder que trae gozo trae también milagros. En mi corazón continuamente escucho al Espíritu Santo que me dice: «Esto es sólo el principio y no una experiencia aislada». Es una fresca lluvia del Espíritu de Dios que va a incrementarse.

Otro pastor de Texas, Estados Unidos, me escribió luego de unas reuniones que celebramos:

> No sé como comenzar a contar todo lo que el Señor hizo en las últimas semanas. Pero lo puedo describir en una sola palabra: ¡Impresionante! La unción fresca del Espíritu Santo ha quedado aquí en mi vida y en la de los dos pastores que trabajaban conmigo.
>
> Al domingo siguiente, mientras oraba, la gente se caía. A cada reunión, siempre vienen pastores a recibir unción fresca. Ha comenzado un avivamiento en Houston. Y sé que se va a derramar por toda la nación. Ayer en mi iglesia «Sobre la roca» pasamos el video de Rosario. La unción cayó con poder de inmediato cuando el pastor Carlos se paró para ministrar. Dios volvió prácticamente a repetir lo que hizo cuando estuviste. Y en otra iglesia donde tuve que predicar por la noche, se desató el poder de Dios y la gente quedó tirada en el suelo, unos llorando, otros riéndose, otros mirando asombrados.

3) *Un renovado testimonio cristiano.* Me enteré de una cadena de oración que realizó una iglesia en la localidad de Alejandro Korn después de recibir esta renovación.

Un grupo de hermanos se propuso orar a diferentes horas del día. Uno de ellos decidió orar todos los días a las nueve de la mañana en la fábrica donde trabajaba.

Este hermano sacrificaba su tiempo de refrigerio, unos quince minutos de descanso para orar en el sótano. Allí se arrodillaba y buscaba el rostro de Dios.

Un compañero le preguntó un día: «¿Qué estás haciendo?» A lo cual contestó: «Estoy buscando a Dios».

A los pocos días este compañero de trabajo le pidió oración y fue al sótano con él, donde aceptó a Jesucristo como su Salvador. A las pocas semanas el flamante discípulo fue lleno del Espíritu Santo y junto a aquel hermano disfrutaban de una verdadera fiesta espiritual en aquel oscuro rincón de la fábrica. Pero allí no quedó todo. Con el tiempo, ¡quince de los operarios de esa empresa, en vez ir a tomar jugo o té, se reunían a las nueve de la mañana para orar y buscar a Dios!

¡Cuánto podríamos lograr si le damos lugar al Espíritu Santo!

Un sencillo operario había impactado a sus compañeros de trabajo con una vida plena en el Espíritu. Un día, el dueño de la empresa lo llamó y le preguntó: «¿Usted es quien deja a todos como ebrios en el sótano?» El hermano, con sabiduría, le contestó: «Yo no dejo ebrio a nadie. Es la presencia de Dios que los conmueve»; y le leyó el capítulo 2 del libro de los Hechos. El dueño dijo: «No sé lo que están haciendo pero desde que están orando, este lugar no es el mismo. Las cosas han cambiado para bien».

¡Cuánto podríamos lograr si le damos lugar al Espíritu Santo!

4) *Una renovada santidad.* El fruto del Espíritu Santo es la prioridad de Dios y la evidencia fundamental de una verdadera renovación: «Por sus frutos los conoceréis» (Mateo 7.16).

> Cuando llega octubre, en Mar del Plata, una hermosa ciudad balnearia en el Atlántico Sur, la gente se prepara para la temporada veraniega. En esta ocasión, también se preparaba para un acontecimiento espiritual.

Uno de sus quinientos mil habitantes, miembros de una iglesia evangélica, escuchó a su pastor anunciar nuestra llegada a la ciudad para celebrar una reunión de avivamiento. El hermano, que se desempeñaba como mozo en un lugar de comidas rápidas, averiguó rápidamente si aquel miércoles en el que haríamos la reunión tendría su día libre en el trabajo. Había escuchado cómo el Señor estaba renovando a su pueblo y tenía grandes expectativas en cuanto a su vida. Su alegría fue enorme al comprobar que efectivamente era su día franco. Se preparó en oración para recibir la fresca unción del Espíritu Santo.

Faltando pocas horas para la cruzada, una circunstancia imprevista truncó sus planes. Otro empleado, por razones personales, no podría asistir al trabajo el miércoles, ¡y él tendría que reemplazarlo! ¡Qué gran decepción! Sin embargo, decidió ser obediente a Dios y cumplir con sus responsabilidades.

El encuentro en Mar del Plata fue hermoso. Más de dos mil personas colmaron la iglesia y la presencia de Dios nos visitó de tal manera que el culto finalizó cerca de la madrugada. Después de la reunión, los pastores de la ciudad nos invitaron a cenar en un buen restaurante, pero ninguno estaba abierto, ¡excepto el de comidas rápidas donde trabajaba nuestro hermano! Cuando él nos vio llegar, exclamó: «¡No lo puedo creer!» Muy emocionado nos comentó todo lo que le había sucedido. Allí oramos por él de forma poderosa y tuvimos otro precioso culto en aquella madrugada. Dios se encargó de honrar su fe porque había fruto del Espíritu Santo en su vida.

Dios se encargó de honrar su fe porque había fruto del Espíritu Santo en su vida.

Cuando la iglesia se abre al mover del Espíritu Santo

He tenido el privilegio de ministrar en España en repetidas oportunidades. Luego de una cruzada, me escribió el presidente de una asociación de pastores en España:

> Ayer tuvimos una reunión todos los pastores para evaluar los resultados y comentar lo que había ocurrido en nuestras congregaciones. En pocas palabras te diré que fue una repetición de lo que pasó en la cruzada. Incluso a aquellos que no pudieron asistir, Dios les dio su porción. Te relato, a modo de apunte, algunos comentarios:
>
> Uno de los pastores dijo: «Sentimos moverse a Dios en el silencio apacible de la unción». Otro dijo: «Fue una explosión de gozo». Otro dijo: «Palpamos el amor de Dios». Otro dijo: «Tuvimos una auténtica renovación espiritual. Hubo restauración de vidas rotas». «Notamos la presencia de Dios por el Espíritu». Inconversos clamaban: «Señor, ¿dónde estás? Queremos conocerte». Hermanos que no se hablaban por años se pidieron perdón. Matrimonios con graves problemas de relación cayeron bajo el poder de Dios llorando y pidiéndose perdón. Hijos rebeldes decidieron reconciliarse con sus padres y volver a Cristo. Hubo un quebrantamiento tremendo. Los pastores tienen un enorme deseo de estar juntos. Las personas caen bajo el poder del Espíritu Santo y Cristo las transforma. Esto es lo que está pasando en España.

¡Es la gloriosa obra del Espíritu Santo, la voluntad de Dios para su iglesia!

La presencia de Dios a través de los videos

Los videos de nuestro ministerio han corrido literalmente por todo el mundo. Hay iglesias que han destinado reuniones especiales para proyectarlos y los hermanos, mientras cantan y oran con nosotros, han sido tocados por Dios gloriosamente. Muchos nos escriben para contarnos lo sucedido:

Mostramos un video suyo y mientras lo mirábamos, sentí un ruido atrás... Luego escuché otro. Entonces le pedí al pastor ayudante que le dijera a los hermanos que hicieran el favor de guardar silencio, porque estábamos mirando el video que era realmente maravilloso. Me di cuenta y vi que los hermanos estaban todos caídos en el suelo. ¡Habían recibido el poder del Espíritu Santo! Tan maravilloso fue, que era la una de la madrugada y estaban todos rebosantes en el espíritu, tocados por Dios. (Un pastor de Rosario, Argentina.)

Recibimos la fresca unción de Dios a través de un video. Estábamos mirándolo en la iglesia y debimos detener la proyección porque el culto «explotó». Hubo una gran bendición. Los hermanos sentían fuego en las manos. Se produjeron sanidades tremendas. Los videos fueron pasados en todas las iglesias de Neuquén y deseamos que nos visite. (La esposa del presidente de los pastores de la ciudad de Neuquén, Argentina.)

Ha llegado a mis manos un video donde está ministrando en el estadio Obras Sanitarias. Le puedo asegurar que nunca vimos nada igual. El 5 de febrero de 1993, a las diez y media de la noche, después de ver el video, sentí una carga tremenda de oración, caí de rodillas en la sala donde estaba, comenzó a inundarme una gran paz y me llegó el gozo del Señor. Era un amor, un renuevo... mi vida transformada totalmente. Eran las cinco y media de la madrugada y todavía estaba la presencia del Espíritu. Cuando quise levantarme, no podía. Estaba como ebria... Nunca había tenido una experiencia igual. Hace diez años que soy cristiana, pero vivía una vida de rutina y no alababa a Dios. A nadie testificaba. Hoy quiero gritarle al mundo que Cristo vive... (La hermana nos escribió desde Argentina.)

Sanado de cáncer

Tenemos un Dios grande, capaz de revertir cualquier imposible. ¡Alégrese en su victoria! Una mujer testificó en nuestra cruzada celebrada en la localidad de San Martín, provincia de Buenos Aires, acerca de la sanidad que recibió su hijo luego de un accidente de tránsito. Las cinco mil personas que asistieron a la actividad se regocijaron mientras ella relataba que aquel joven estaba sano luego de ocho días en un estado de coma profundo. Asimismo, todos se conmovieron cuando añadió: «Pero aquí está un familiar mío que tiene un cáncer terminal». Inmediatamente, pedí a mis colaboradores que lo subieran a la plataforma. Era mi hermano en la fe y su estado físico era a todas luces lamentable.

Este hombre fue operado el 9 de octubre de 1992 de un tumor en el colon. Los cirujanos comprobaron que la enfermedad se había expandido vertiginosamente y volvieron a cerrar la herida, desahuciándolo por completo.

«No hay nada que hacer», les dijeron a sus familiares, «no vivirá más de seis meses».

Dos años atrás había perdido a su esposa debido a un tumor cerebral. Ese mismo año, le diagnosticaron su propia enfermedad en el colon. Y al año siguiente muere su hijo de catorce años en un accidente. Rodeado de tanto dolor, viajó a Italia para descansar de sus pruebas, pero allí los médicos certifican que el cáncer había invadido la pelvis, la uretra y la vejiga. Sólo un *milagro* podía cambiar su destino.

«Me quedaban solamente seis meses de vida», recuerda nuestro hermano. «Cuando me enteré que el pastor Claudio tendría una reunión importante en San Martín, dije: «Señor, esta es mi oportunidad». Fui a aquella reunión, pocos días después de mi operación, con mi herida aún sin cicatrizar. Había tanta gente, que no podía acercarme a la plataforma. Sin embargo, en mi corazón sentía que allí estaba mi sanidad. Recordaba a la mujer con flujo de sangre que decía: «Si tocare solamente tu manto, seré salva». Esta era mi fe, no tocar al hombre, sino a Cristo que obraría el milagro en mi vida».

Cuando aquel hombre llegó a la plataforma, le pedí a todos los hermanos presentes que levantasen las manos y comenzaran a alabar a Dios. Estábamos rodeando una Jericó con fuertes murallas que debían caer. Era un clamor profundo, muy intenso. Cinco mil voces se alzaban proclamando la victoria para nuestro hermano. Era un momento glorioso.

«En aquel momento, sentí dos puñetazos en mi abdomen y abrí mis ojos *sorprendido*». Así recuerda el hermano el momento de su sanidad. No me pregunte cómo hace Dios estas cosas. ¡Sólo alábelo porque las hace!

Al descender de la plataforma, esa misma noche, pudo al fin comer normalmente después de muchos días. Dios había hecho el milagro.

Después de un año de aquella cruzada inolvidable, este varón de Dios nos visitó en nuestra iglesia. Traía en su mano los estudios tomográficos y de sangre que cerficaban que estaba completamente sano de su enfermedad, pesaba diecinueve kilos más que en aquel entonces y su fe estaba más firme que nunca. Ha recorrido países como Italia y Canadá, contando que su médico, la tomografía computada y toda la ciencia han comprobado que el Dios de los milagros lo ha sanado.

«Esta era mi fe, no tocar al hombre, sino a Cristo que obraría el milagro en mi vida».

«REGOCÍJATE, OH ESTÉRIL»

He oído muchísimos testimonios de sanidad de mujeres científicamente estériles. El Señor me dio una fe especial para orar por ellas y un corazón sensible a su dolor. Años atrás, cuando Betty corría serios peligros durante el embarazo de nuestro hijo Ezequiel, Dios nos dio la promesa en su palabra: «No habrá mujer que aborte, ni estéril en tu tierra» (Éxodo 23.26).

El Señor ha sido fiel con muchos matrimonios que recibieron el hijo que tanto deseaban. Rubén e Isabel son un testimonio de este milagro.

Isabel era una jovencita de dieciocho años cuando contrajo matrimonio con Rubén, un reconocido jugador de fútbol en junio de 1975. Sus primeros años matrimoniales fueron maravillosos. Rubén estaba en lo alto de su carrera en clubes de fútbol de Colombia y Venezuela, y tenían un gran bienestar económico. El matrimonio estaba firme. Disfrutaban de una buena comunicación y compañerismo. Sin embargo, no todo marchaba según lo planeado: Isabel no quedaba embarazada a pesar de sus deseos.

«En 1976, fui a mi primera consulta médica, pero no le di importancia», recuerda Isabel. Al año siguiente repitió su examen con el mejor especialista de Colombia, un médico graduado en Estados Unidos. No pude evitar un poco de ansiedad, pero no permitió que la situación le robase el buen momento que atravesaba.

Desde Argentina una noticia la conmovió: su madre a quien tanto amaba, fue intervenida quirúrgicamente de un cáncer en el estómago y salió del hospital con un pronóstico reservado. Durante cinco meses, Isabel permaneció junto a ella en Buenos Aires, lejos de su esposo.

De regreso a Bogotá, inició estudios más profundos para determinar porqué no lograba el embarazo: «En julio de 1979, me descubren una malformación en las trompas de Falopio y una obstrucción total de las mismas. En Buenos Aires me confirman el mismo diagnóstico. Un especialista en esterilidad me indica una serie de hidrotubaciones para destupirlas. Este tratamiento se realizó sin anestesia y los dolores que sufrí no se vieron coronados con algún fruto. No obstante, seguí buscando nuevas alternativas».

Mientras tanto, su madre en Buenos Aires soñaba con terminar sus días junto a su nieto: «Ella lo deseaba. Para mí era un motivo más de ansiedad y de angustia. Quería complacerla antes de morir, pero el embarazo no se producía. Únicamente logré una gastritis crónica que debieron tratarme».

En noviembre de 1980, a pesar de haber recibido una buena oferta del deportivo Cali de Colombia, decidieron regresar a Buenos Aires para quedarse. A los pocos días de haber llegado, su madre la llamó para despedirse. Le dijo que le hubiera gustado mucho tener un nieto, pero que les agradecía todos los esfuerzos que hicieron por ella.

Misteriosamente, le recomienda que lea la Biblia en todo momento para tener una guía, y al día siguiente entró en un coma profundo y falleció.

«Fue el día más triste y frustrante de mi vida. No podía soportar ese dolor tan tremendo. Me aparté de Dios, estaba enojada con Él». Durante meses, padeció de insomnio y fuertes depresiones. Nada parecía tener sentido en su vida. Desistió por un año y medio de todo tratamiento.

En julio de 1982, casi como una burla, le diagnostican erróneamente un embarazo. Le mandaron reposo absoluto con inyecciones intramusculares. Cuando luego de tres meses le realizaron una ecografía, el profesional no anduvo con rodeos. «El útero está vacío... ¿Quién le dijo que estaba embarazada?»

«¡Qué tremenda decepción! ¡Tres meses soportando inyecciones a diario, encierro, soledad, todo para nada! Me sentí burlada. Cuando llegué a mi casa, desconecté el teléfono y en una oscuridad total, quedé días enteros llorando. No deseaba ver a nadie».

La rebeldía y el rencor llenaron mi corazón. Comenzó a distanciarse de su marido, pues se sentía incomprendida. Ni siquiera los éxitos en el campo laboral lograron aplacar sus frustraciones. En 1989, viajó a Francia donde realizó una última consulta médica. Allí le sugirieron que intentara la fertilización artificial; pero estaba cansada ya de tanta manipulación de su cuerpo, y se dijo: «Basta, que sea lo que Dios quiera». Esas fueron sus palabras, aunque todavía estaba muy lejos de Dios.

Debió sufrir la separación y el fracaso económico antes de tener un encuentro glorioso con Jesucristo.

En julio de aquel año, recibió una invitación para asistir a nuestra iglesia. Llegaron confundidos y en trámites de divorcio. Tomé un tiempo para orar con ellos y en una entrevista personal les animé a poner su fe en Jesucristo.

«Decidí obedecer a Dios», recuerda Isabel. «Asistía a todas las reuniones de la iglesia porque encontraba paz, y me brindaban amor y alegría. Me sentía mejor, con deseos de vivir. A fines de 1989 escribí una carta donde le pedí a Dios, para el próximo año, una confirmación de mi matrimonio. Habían sido catorce años muy difíciles para nosotros».

Comenzamos a orar por Isabel. Descorazonada, nos contaba acerca de los resultados médicos de su esterilidad. Los médicos le aconsejaban adoptar un hijo, pero no estaba segura.

Llegó la conmemoración del Día de las Madres: «Ante el recuerdo de mi madre muerta y mi frustración por no poder serlo, fui a refugiarme a la iglesia. Cuando el pastor anunció que oraría por todas las madres, miré al cielo y dije: «Señor, aquí también me abandonas». Al instante, sin permitirme siquiera derramar una lágrima, el pastor Freidzon añade: «Aquí hay una mujer estéril y Dios me dice que le diga: Prepárate, ya tienes un hijo en tu vientre». Experimenté cómo el fuego del Espíritu Santo recorría mi cuerpo de una manera nueva para mí.

Unos días después soñé que estaba en una fiesta, en un hermoso salón, todos venían muy sonrientes a felicitarme (veinte días después, este sueño se cumplió en detalles). Cuando desperté (era el viernes 2 de noviembre de 1990), tenía una gran paz y una alegría indescriptibles, y me preguntaba qué significaría aquel sueño. Entonces oí una voz audible que con autoridad me manda a hacer un análisis de orina. Salí a la calle, miré el sol y exclamé: ¡Qué lindo día! Y nuevamente escuché: «Hoy será el día más grande de tu vida». A la tres y media de la tarde me estalló el corazón de alegría cuando me dieron los resultados del análisis.

«Qué madre tan ansiosa!», dijo el especialista, «no le van a alcanzar los nueve meses para calmar la ansiedad». Y así fue, porque a los ocho meses tenía en mis brazos a Emanuel, el testimonio más dulce de la presencia de Dios con nosotros».

Después de dieciséis años, Jesús hizo el milagro de unirla a su esposo y darle aquel hijo tan deseado. Hoy, Isabel y Rubén son parte del cuerpo de Cristo, junto a Emanuel de cuatro años y Antonella, otro regalo de Dios, de sólo dos años. Confirman cada día la palabra del Señor en Isaías 54.1: «Regocíjate, oh estéril, la que no daba a luz; levanta canción y da voces de júbilo, la que nunca estuvo de parto; porque más son los hijos de la desamparada que los de la casada, ha dicho Jehová».

Rescatado de las calles

«Los niños de la calle» son un grupo marginal dentro de nuestra sociedad. Niños sin hogar que deambulan en las calles y los trenes, con sus propios códigos y tragedias.

José Luis, alias «el chafa», vivió en la calle desde los seis hasta los quince años. Cuando sólo tenía seis años, comenzó a deambular por las calles. Sus padres se habían separado y su madre convivía con otro hombre. El hogar era un infierno de discusiones. Decidió marcharse. Los trenes eran el punto de encuentro con otros niños en su situación. Se movían en grupos o pandillas, que integraban niños de siete a dieciséis años. Estas pandillas las acomandaban líderes que rotaban en la medida en que uno u otro demostraba más temeridad o astucia.

«En el grupo teníamos que ser como hermanos, ayudarnos entre nosotros», recuerda José Luis. «En la calle debí aprender a amar, a odiar, a hacerme hombre a los golpes. Cuando un niño de la calle tiene catorce años, es un hombre. No tiene la mente para jugar con un juguete. Tal vez lo desee, pero ya perdió su infancia, se le escapó entre las manos».

La vida estaba llena de peligros: el frío de las madrugadas, el caminar solo por las noches sin la protección del grupo o, lo peor de todo, ser asaltados por sus propios recuerdos. La soledad y la tragedia familiar eran heridas demasiado dolorosas para sobrellevar.

«Al ver a los padres en la plaza con sus hijos montando en bicicleta, con su ropa y calzado bueno, y verme a mí mismo, me decía: «¿Por qué vivo así?»

Los chicos así han perdido toda esperanza. No tienen ninguna expectativa de vida ni de futuro. Pueden morir por una sobredosis de droga, un accidente o porque alguien los mate. Cada chico es un delincuente en potencia. Sin Dios, están atrapados.

«Usaba droga como los demás. Comencé con el pegamento, porque era lo más barato, después la marihuana. Por último, probé la cocaína, aunque no la consumía habitualmente por su elevado costo».

José Luis, alias «el chafa», llegó a nuestra iglesia una tarde con otro compañero de desventuras al que le decían «el tuerto». Se presentaron como dúo «poxi-ran», que era la marca de un pegamento que usaban para drogarse, aspirándolo dentro de bolsitas de polietileno. Aquel día, lo invitamos a acercarse al «rincón de amigos», un ministerio de nuestra iglesia dirigido especialmente a estos niños. En este rincón de amigos, los niños pueden bañarse, cambiarse de ropa, comer y les hablamos de la Palabra de Dios.

Muchos llegaron a nuestra iglesia soñando con ser grandes ladrones o algo similar, pero cuando recibieron la Palabra de Dios, cambiaron su forma de pensar. Desearon tener una familia o regresar a sus casas.

José Luis fue uno de ellos: «Veía que poco a poco iba recibiendo ese mensaje, y que salía distinto... Cuando vivía situaciones en la calle, Dios me recordaba su Palabra. Cambió mi forma de pensar, de hablar, aun de vestirme».

Después de nueve años en las calles, el amor de Dios alcanzó a José Luis «el chafa». Muy pocos lo reconocerían en el presente. Es un joven consagrado al Señor que evangeliza activamente. Cuando lo veo cantando en el coro de la iglesia, mi corazón se llena de gratitud a Dios. Hoy vive con una preciosa familia cristiana involucrada en este ministerio de ayuda a niños de la calle.

Los cambios que se producen en estos niños cuando reciben el evangelio son enormes. Llegan con un alto grado de desconfianza, ni siquiera dicen el nombre, ni dónde viven, pero cuando notan que uno les brinda afecto de verdad, se franquean y comparten su vida.

José Luis, con sus juveniles dieciocho años, ha comprendido el propósito para su vida. «Mi sueño es tener una familia, mi casa y predicarles el evangelio a todos los chicos de la calle para que vivan lo mismo que estoy viviendo».

¡Dios aún sigue cambiando vidas!

Capítulo 7

¿Lo quiere?

Una pequeña cucharita

Ocurrió una mañana como tantas en el Instituto Bíblico Río de la Plata. El decano estaba ocupado en atender su oficina, entre timbres que anunciaban las clases y papeles que parecían multiplicarse. Su secretaria le informó que una persona deseaba hablar con él.

Apenas la vio se alegró enormemente. Era una buena oportunidad para dejar a un lado los papeles y recordar los viejos y hermosos tiempos de estudiante…

«¡Hola! ¿Qué te trae por estos lugares?», preguntó sonriente el decano.

La muchacha extendió una mano en la que mostraba una pequeña cuchara. Con la voz entrecortada por el llanto, le dijo: «Pastor Edgardo, estos han sido tiempos muy especiales para mí. He estado buscando al Señor profundamente y meditando en su Palabra. En uno de mis devocionales, mientras examinaba mi corazón, Dios me mostró muchas cosas. Entre ellas, el Señor trajo a mi memoria una cucharita con las iniciales del Instituto Bíblico Río de la Plata. El Señor me dijo: "Devuélvela, porque no te pertenece". Por eso estoy aquí».

Poco después, el decano me contaba este gran testimonio de sensibilidad espiritual. Aquella joven fue obediente al requerimiento divino en un pequeño detalle. Deseaba que la luz del Señor brillara aún más en su vida, y debía quitar una de aquellas «pequeñas zorras» que echan a perder las grandes cosechas (Cantares 2.15). Este suceso tiene mucha relación con el propósito de este libro, testificar acerca de la obra del Espíritu Santo en estos días, y especialmente con el porqué de dicha obra.

Ella, al igual que muchos hermanos, gustó y participó de este mover. El Señor Jesucristo la visitó a través de su Espíritu, y provocó en ella el deseo intenso de agradar al Padre celestial, aun en lo pequeño.

Tal vez alguno pueda sorprenderse de la importancia que damos a un detalle al parecer trivial. Sin embargo, veo aquí el fruto fundamental de la obra del Espíritu Santo: COMPROMISO Y SANTIDAD. Sin este fruto toda manifestación del poder de Dios estaría carente de sentido.

CONFORMADOS A LA IMAGEN...

Fue precisamente en las aulas del Instituto Bíblico Río de la Plata, allá por la década del setenta, que leyendo un libro de texto de teología de Myer Pearlman aprendí estas verdades básicas y fundamentales: «El Espíritu Santo descendió para comenzar la obra de edificar el cuerpo de Cristo. La perfección del cuerpo de Cristo es el propósito final del Consolador». Cuando Dios derrama de su Espíritu Santo lo hace teniendo en cuenta su propósito eterno: desea muchos hijos conformados a la imagen de

Cristo (Romanos 8.28; Hebreos 2.10-11). Dios envía el Espíritu Santo para preparar a la iglesia en la obra del ministerio y hacer de cada uno de nosotros un varón perfecto, conforme a la estatura de la plenitud de Cristo (Efesios 4.7-13; Colosenses 1.28-29).

No estamos huérfanos. El Consolador está con nosotros para ayudarnos en la tarea que el Señor nos ha encomendado...

Este propósito santificador se revela detrás de todo genuino mover de Dios, y a esto se debe que el Espíritu del Señor se esté manifestando en nuestros días como nunca antes. ¡Creo que sólo es el comienzo de algo mayor!

Conjuntamente con el avance de las ciencias ocultas, el esoterismo, el humanismo, la Nueva Era y toda clase de sectas y religiones del diablo, Dios levanta su Espíritu sobre cada nación, sobre cada pueblo, sobre cada ciudad.

No estamos huérfanos. El Consolador está con nosotros para ayudarnos en la tarea que el Señor nos ha encomendado: predicar, y hacer discípulos a todas las naciones (Mateo 28.19). Dios es el que nos santifica y nos envía a predicar su Palabra.

Transformados por el viento...

El Señor le dijo a Nicodemo: «El viento sopla de donde quiere, y oyes su sonido; mas ni sabes de dónde viene, ni a dónde va; así es todo aquel que es nacido del Espíritu» (Juan 3.8).

Uno de los símbolos del Espíritu Santo es el viento. Myer Pearlman expresa lo siguiente: «El viento simboliza la labor regeneradora del Espíritu e indica sus operaciones misteriosas, independientes, purificadoras y que imparten vida.

En estos años el Señor me ha concedido el privilegio de llevar su Palabra a multitudes en diferente naciones. En todo lugar que he visitado he podido sentir los efectos del poderoso viento del Espíritu Santo transformando las vidas, levantándolas en poder y santidad. ¡Verdaderamente «todos los términos de la tierra han visto la salvación de nuestro Dios»! (Salmo 98.3).

Cuando ministro en estadios, o estoy en mi propia congregación, procuro obedecer la orden que el Señor me ha dado: llevar las almas a la presencia de Cristo en adoración. ¿Sabe por qué? Porque sé positivamente que un encuentro personal con el Cristo resucitado, el Cristo de la gloria, produce santidad y poder en los adoradores. Y esto sería imposible sin la ayuda del Espíritu Santo que ha venido para glorificar a Cristo (Juan 16.14). El Consolador es el que nos ayuda en nuestra debilidad. Jamás lo lograríamos por nuestros propios medios.

Nuestro ministerio hoy es llevar a las personas a un encuentro con su Salvador a través del Espíritu Santo (Juan 3.1-16). Sólo ante Cristo glorificado nos quebrantamos y cambiamos de vida. Si realmente tiene hambre del Espíritu Santo, si desea su comunión más que cualquier otra cosa en la vida, quiero que reciba estas llaves, estos secretos que Dios me ha enseñado a través de los años, para profundizar su relación con Él.

El amor de Dios nunca debe envejecer, ni deteriorarse. Cuando el Señor nos llena con su Espíritu Santo, volvemos al primer amor...

El amor de Dios nunca debe envejecer, ni deteriorarse. Cuando el Señor nos llena con su Espíritu Santo, volvemos al primer amor, comenzamos a andar como hijos de luz. En esa dimensión gloriosa, usted también, al igual que aquella joven, deseará agradarlo en todo. Incluso en una pequeña cucharita de café.

La Biblia dice que en los postreros tiempos «el amor de muchos se enfriará» (Mateo 24.12). Mi deseo profundo es que al leer la páginas de este libro usted pueda exclamar: «¡Señor, quiero volver a mi primer amor, deseo encontrarme contigo!»

La gloria de Dios sobre un colegio

Cuando un hijo de Dios está lleno del Espíritu Santo, suceden cosas ***sorprendentes.*** La unción del Espíritu Santo impacta a todos aquellos que lo rodean, aun a los más incrédulos.

En el año 1993 me invitaron a realizar una gran cruzada en Santiago de Chile. Más de doce mil personas se dieron cita, en un solo día, para tener un encuentro con Jesucristo y ser llenos del Espíritu Santo. ¡El Señor se movió gloriosamente! Nunca un predicador argentino había logrado celebrar una reunión con tanta asistencia en el vecino país de Chile. Pero el Espíritu Santo fue el que hizo la convocatoria.

A esta cruzada asistió una jovencita junto con su familia. Esta joven, perteneciente a la comuna de Peñalolen en aquella ciudad, fue llena del Espíritu Santo en el auditorio. La gloria de Dios descendió sobre su vida y se fue completamente renovada. Irradiaba el perfume de Cristo…

Durante la semana volvió a sus actividades cotidianas. Cursaba sus estudios en un colegio de señoritas de su comuna. Pero, ¡no imaginaba que algo asombroso iba a sucederle en aquel lugar! Cuando me lo contaron decidí comunicarme por teléfono con el pastor Italo Frígoli, para asegurarme de la fidelidad en todos los detalles. Esto fue lo que ocurrió: Era un día de examen en el colegio. El ambiente estaba caldeado dentro del aula de clases en espera de la temida hora. Pequeños grupos de alumnas se apiñaban nerviosamente en los pasillos y dentro del aula para repasar lo estudiado antes de que llegara el profesor.

Nuestra joven hermana no escapaba a la regla general. Pero a diferencia del resto, decidió buscar a Dios en oración y se unió con otras dos compañeras de su aula que también eran cristianas. En silencio, hicieron un pequeño círculo en un rincón del aula y comenzaron a rogar a Dios por el examen. No tenían otro propósito, pero la gloria de Dios que estaba sobre sus vidas comenzó a manifestarse... Toda la atmósfera de aquel lugar cambió. El ambiente estaba «electrizado». De pronto las demás compañeras, que hasta ese momento estaban absortas en sus propios temas, comenzaron a ser sacudidas por la unción del Espíritu Santo. Nadie podía explicar lo que sucedía, pero una a una comenzaron a sollozar y gemir bajo la presencia de Dios.

Cuando estas hermanitas que estaban orando se dieron vuelta para ver lo que pasaba, notaron que varias de sus compañeras habían caído al suelo, llorando también.

Debajo del lugar había otra aula con un grupo de alumnas recibiendo su clase. Estaban completamente ajenas a lo que estaba ocurriendo en el piso de arriba. Sin embargo, ¡lo mismo comenzó a suceder allí también!

Era impresionante... ¡La gloria de Dios se estaba derramando sobre aquel colegio!

Alguien informó a las autoridades del lugar que había una situación muy particular en dos aulas del centro. En dos pisos diferentes, tanto alumnas como profesores lloraban. Algunos gemían y otros no podían permanecer de pie. Y lo más asombroso es que... ¡Nadie podía explicar el motivo! Los directivos estaban desconcertados. No podían encontrar una respuesta satisfactoria a este fenómeno.

Humanamente no lo había. Pero cuando un hijo de Dios está lleno del Espíritu, ¡suceden cosas impresionantes! Las manifestaciones sobrenaturales estremecen la atmósfera espiritual y rompen el *status quo* de la normalidad para que muchos vuelvan su atención a Dios.

«Mensajes vivientes»

Nuestras vidas deben ser «mensajes vivientes» de Dios para el mundo. Así fue la del profeta Ezequiel para el pueblo de Israel. Este hombre de Dios, con su conducta obediente en todo, era en sí mismo una señal para el pueblo (Ezequiel 24.24).

Al comenzar su ministerio, el Señor lo dejó mudo por un tiempo. ¿Se puede imaginar un profeta mudo? Pero esto es lo precioso: el silencio de Ezequiel era una palabra de reprensión para un pueblo rebelde que no quería oír la voz de Dios (Ezequiel 3.22-27). ¡Hasta sus silencios eran mensaje de Dios!

El Señor afirma en su Palabra que somos verdaderas «cartas de Cristo [...] conocidas y leídas por todos los hombres» (2 Corintios 3.2). Cuando las personas nos vean y nos conozcan, deben leer claramente: «¡Cristo vive! ¡Él es real!»

Nuestras vidas deben ser «mensajes vivientes» de Dios para el mundo.

Llegará el día en que todos los cristianos impactaremos al mundo con nuestra sola presencia. Nuestro testimonio será tan poderoso que, al igual que el apóstol

Llegará el día en que todos los cristianos impactaremos al mundo con nuestra sola presencia... Un cristiano lleno del Espíritu Santo jamás pasará inadvertido dondequiera que se encuentre.

Pedro, aun nuestra sombra sanará a los enfermos (Hechos 5.15). ¡Estoy esperando ese día! Lo creo con todo mi corazón.

Un cristiano lleno del Espíritu Santo jamás pasará inadvertido dondequiera que se encuentre. El perfume que emana será «grato olor de Cristo en los que se salvan, y en los que se pierden; a éstos ciertamente, olor de muerte para muerte» (2 Corintios 2.15-16). ¡Necesariamente algo debe suceder!

Estamos hablando de uno de los propósitos fundamentales que Dios tiene al derramar su Espíritu Santo «Recibiréis poder cuando haya venido sobre vosotros el Espíritu Santo, y me seréis testigos» (Hechos 1.8). Un cristiano lleno del Espíritu va a impactar con su conducta, con sus palabras (Salmo 45.1) y «los ríos que corren de su interior» impactarán poderosamente a otros. Si estamos llenos del Espíritu, de una u otra manera, todos los que nos rodean verán el fruto de nuestro nuevo nacimiento.

Durante varios días, los ciento veinte se reunieron en el aposento alto para orar y los de la ciudad no hicieron el menor caso de esto. Pero cuando descendió el Espíritu Santo y llenó a aquellos discípulos, se provocó tal alboroto que las multitudes se juntaron a la puerta. Tres mil fueron salvos en un solo día (Hechos 1.2).

A través del profeta Isaías el Señor nos dice:

Despierta, despierta, vístete de poder, oh Sion; vístete tu ropa hermosa, oh Jerusalén, ciudad santa (Isaías 52.1).

Entre un muerto y un cristiano «dormido» no hay mucha diferencia. Es cierto que el dormido tiene vida, pero Dios no puede contar con él en su obra.

¡Usted debe ser un protagonista en el Reino de Dios!

Necesita ser lleno del Espíritu Santo y rendirle su vida a Cristo en una comunión diaria y si lo hace ¡no se sorprenda por lo que ha de sucederle!

«Tú no eres el mismo»

El capítulo cuatro del Evangelio de Lucas nos ayuda a comprender mejor el propósito de la unción de Dios. En este pasaje nuestro Señor Jesucristo, luego de leer el rollo del profeta Isaías, manifiesta que Él (el Verbo enviado del cielo) era el cumplimiento específico de aquella profecía, así como de todas las palabras eternas de Dios.

La profecía declara: «El Espíritu del Señor está sobre mí, por cuanto me ha ungido para dar buenas nuevas a los pobres; me ha enviado a sanar a los quebrantados de corazón; a pregonar libertad a los cautivos, y vista a los ciegos; a poner en libertad a los oprimidos; predicar el año agradable del Señor» (Lucas 4.18-19).

Al hablar del siervo de Dios, este texto destaca los propósitos divinos al ungir una vida con su Espíritu Santo: «Por cuanto me ha ungido PARA». La presencia del Espíritu Santo en nuestras vidas, su plenitud y su poder, tienen un «para»: «Para dar buenas nuevas a los pobres [...] sanar a los quebrantados de corazón [...] pregonar libertad a los cautivos».

La obra restauradora del Espíritu Santo

Hemos escuchado en nuestras cruzadas tremendos testimonios de cristianos heridos y derrotados en su vida

«Lo que Dios te dio, lo que has recibido, deseo que lo compartas conmigo. Deseo que me enseñes y ministres»

espiritual, que han sido restaurados y sanados al abrir sus corazones a la plenitud del Espíritu Santo. Y no sólo los miembros de las iglesias han sido renovados, sino que muchos pastores se han acercado para recibir esta bendición.

Me llena de alegría comprobar que pastores y líderes de las iglesias seamos receptivos a la ministración de los unos por los otros. Es un elocuente síntoma de humildad y quebrantamiento. Resulta hermoso ver cómo diferentes ministerios se visitan y se dicen: «Lo que Dios te dio, lo que has recibido, deseo que lo compartas conmigo. Deseo que me enseñes y ministres». De esta manera cumplimos la Escritura:

> *Cada uno según el don que ha recibido, minístrelo a los otros, como buenos administradores de la multiforme gracia de Dios* (1 Pedro 4.10).

En Argentina y en el resto del mundo, el liderazgo, deseoso de buscar la excelencia para Dios, no vacila en pedir la ayuda de otros. ¡Esto es maravilloso! ¡Cuánto necesitamos los líderes la bendición fresca del Señor!

Dentro de esta actitud, más de cuatro mil pastores han visitado nuestra iglesia y han tenido contacto con nuestro ministerio. Ha habido momentos en nuestras reuniones en que han sido tantos los pastores que los hermanos de mi iglesia no han tenido acceso a la reunión. Estos consiervos venían con hambre de Dios y dispuestos a ver y comprobar el mover de su Espíritu. Ha habido testimonios de restauración… y aún continúan.

Recuerdo en particular la preciosa obra que el Espíritu Santo realizó en un pastor. Se trata de un buen amigo de muchos años que el Señor restauró en el ministerio junto a su esposa. Me refiero al pastor Ricardo Saavedra.

Ricardo sirve al Señor en la ciudad de Mendoza, Argentina. Esta ciudad, capital de la provincia que lleva el mismo nombre, está enclavada al oeste de nuestro país. Es una bellísima región que limita con Chile a través de la imponente cordillera de los Andes. En ella se levanta el pico más alto de América: el monte Aconcagua, con casi siete mil metros de altura. Tiene hermosos paisajes, un clima extraordinario (con mucho sol todo el año), y un muy afectuoso y cálido pueblo. A esta provincia se trasladó el hermano Ricardo Saavedra con su familia, para sustituir a otro pastor que dejaba la iglesia para iniciar un viaje.

Durante muchos años había servido a Dios en Argentina y sintió que Dios lo guiaba a trasladarse a este nuevo campo de trabajo. Anhelaba con todas sus fuerzas seguir un fructífero ministerio.

Llegó con grandes ilusiones, pero no tardó en darse cuenta que tenía por delante una gran batalla espiritual. El enemigo parecía tener un gran dominio sobre los diferentes sectores de la ciudad, y aun los pastores y las congregaciones percibían esta gran opresión.

El hermano Saavedra se desempeñaba como presbítero de las Asambleas de Dios. En sus recorridos por las iglesias de Mendoza encontraba en todas la misma situación espiritual. Había una gran batalla y realmente eran pocas las congregaciones que estaban creciendo con fuerza. Este «ambiente espiritual» hacía difícil su labor como pastor.

Otro factores se fueron sumando: la excesiva actividad (además de ser pastor y presbítero, también era presidente de los pastores de la ciudad), la grave situación económica que lo asfixiaba y, por último, la pérdida y la enfermedad de algunos seres queridos.

Estas duras circunstancias afectaron en forma notable a su familia. Su esposa cayó en un terrible estado depresivo. No podía soportar por más tiempo tantas presiones. El pastor Saavedra tenía su casa pastoral en la misma iglesia, y en vano procuraba que ella bajase a participar de los cultos. Sólo deseaba estar sola. Apenas tenía fuerzas para atender los quehaceres del hogar.

Muy desanimado pensó que había llegado el fin de su ministerio. Consideró que no podía seguir adelante con este problema en su hogar y decidió que lo mejor sería dejar la iglesia.

Viajó a Buenos Aires para realizar algunos trámites, mientras meditaba en la idea de solicitar cuando menos una licencia en el pastorado. Desconocía que en Buenos Aires había comenzado a derramarse la gloria del Señor prometida en el libro de Joel: «Y después de esto derramaré mi Espíritu sobre toda carne» (Joel 2.28). En muchas iglesias estábamos pasando un tiempo de refrigerio espiritual. Nunca antes había sido así. Era algo glorioso...

Unos buenos amigos de una librería cristiana le comentaron lo que estaba sucediendo, pero tuvo que regresar ese mismo día a Mendoza. Sin embargo, la semilla quedó en su corazón.

Cuando este mover del Espíritu Santo se manifestó en nuestro ministerio, nos vimos obligados a alquilar todos los martes un estadio para seis mil personas. El estadio Club Obras Sanitarias, cercano a nuestra congregación, nos permitió recibir el aluvión de visitas que en cada reunión desbordaban el local de nuestra iglesia. Para asistir a nuestras reuniones, las personas hacían filas hasta de doscientos metros.

En esos días el pastor Saavedra tomó la decisión de viajar para participar del culto que realizaríamos en aquel estadio. Cuando se despidió de su esposa, le dijo:

«Es lo último que hago». Este viaje representaba para él su última oportunidad.

Apenas llegó al culto aquella noche y traspuso la puerta del estadio, comenzó a llorar. Ante la presencia de Dios le sobrevino de repente una tremenda convicción de pecado. Pasó minutos, e incluso horas, en adoración y alabanza, pero no cesaba de llorar.

Yo me encontraba en la plataforma ministrando al Señor en un ambiente de gloria. Cuando lo reconocí entre la multitud, le pedí que se acercara para orar a Dios por su vida. Y lo que sucedió fue sencillamente *impresionante*.

La Biblia nos enseña que donde está el Espíritu del Señor allí hay libertad (2 Corintios 3.17). Las cadenas caen bajo la gloria de Dios, y la libertad y la victoria llega en las vidas. Y aquella noche el pastor Saavedra recibió Palabra de Dios. Su corazón se llenó de la presencia santa. Palpó la gloria de Dios, la misma gloria que estaba en el Sinaí, la gloria que se manifestó en el aposento alto y entró a los corazones de los discípulos en Pentecostés. La misma gloria que abrió las puertas en la cárcel de Filipos mientras Pablo y Silas adoraban al Señor, la gloria del Hijo de Dios que se reveló en el apóstol Juan en la isla de Patmos, comenzó a llenar su vida y a restaurarlo.

El pastor Saavedra tomó la decisión de viajar para participar del culto... Este viaje representaba ***para él su última oportunidad.***

Al finalizar la reunión, el hermano Saavedra se fue a la casa de un pastor amigo que lo hospedó esa noche. Estaba realmente conmovido y permaneció hasta las siete de la tarde del otro día en un verdadero éxtasis espiritual.

Cuando regresó a su provincia, recorrió los mil kilómetros que lo separaban de Mendoza. Se sentía en las nubes. Apenas abrió la puerta de la casa, su esposa notó que algo había sucedido en él. «Tú no eres el mismo, algo te pasó, algo te sucedió...», le dijo.

El día siguiente era domingo y tenían el culto central de la semana. Cuando el pastor Saavedra se paró detrás del púlpito, supo que la victoria había llegado a su iglesia. Tuvieron un culto glorioso. La renovación invadió a los hermanos. Muchos se acercaron a decirle: «Pastor, usted está muy diferente». Y era verdad.

En esa reunión el «aceite» del Espíritu Santo sanó de una manera gloriosa las heridas que había en su esposa. Fue tan grande la sanidad del Espíritu, que comenzó a regocijarse en el Señor, a gozarse como hacía meses no sucedía. ¡Era un milagro! Aquella experiencia se prolongó por más de seis horas. La depresión estaba definitivamente vencida.

No durmió aquella noche. A diferencia de muchas personas que en el presente no pueden dormir porque tienen la mente aturdida por el dolor, por sus problemas, ella no durmió por el gozo que sentía. Oraba: «Espíritu Santo, sigue obrando profundamente en mi corazón». Al día siguiente era otra mujer. Todo su aspecto había cambiado.

No durmió aquella noche.
A diferencia de muchas personas...
no durmió por el gozo que sentía.

El tiempo de la derrota terminó y el mover glorioso del Espíritu Santo llenó la iglesia. La promesa de Nehemías 8.10 comenzó a manifestarse: «El gozo de Jehová es vuestra fuerza».

Actualmente, el Señor está usando mucho al pastor Ricardo Saavedra y su esposa en Mendoza. La iglesia que por tiempo estuvo sumida en una dura batalla espiritual, respira ahora una atmósfera de victoria. Han crecido en número de miembros y han fundado otras iglesias.

¡Alabamos a Dios porque ha derramado su unción «para sanar a los quebrantados de corazón»! Como resultado de ese tiempo de victoria, todos los pastores mendocinos, a los cuales admiro porque son maravillosos, me invitaron a celebrar una cruzada. Había tanta expectativa, tanta hambre de Senor, que por primera vez las iglesias de Mendoza alquilaron el estadio de fútbol donde se realizó el campeonato mundial de 1978.

En este estadio mundialista, catorce mil hermanos celebramos al aire libre la victoria de Cristo. Fue una noche inolvidable. Hubo milagros y sanidades, restauración del gozo y la victoria. A la una y media de la madrugada, bajo un frío intenso, miles de personas permanecían adorando a Dios. Por estar cerca de la cordillera, caía una lluvia helada conocida como «agua nieve»; sin embargo todos permanecían alabando al Señor.

Cuando participo de celebraciones tan hermosas y veo las multitudes convertidas a Cristo, no puedo evitar pensar con gratitud en todos los misioneros que vinieron a esta tierra. Nosotros hoy vemos el fruto de lo que ellos sembraron con lágrimas. Los alcances de la obra de Dios son ilimitados. Mi ministerio, que hoy llega a las naciones, es el fruto de hermanos que dejaron sus tierras y vinieron a plantar la semilla en tierras duras.

Anhelo que la presencia del Espíritu Santo siga obrando más cada día en nuestras vidas y que vivamos cosas que ni siquiera hemos imaginado.

Siga adelante, Dios quiere ungirlo para que cumpla su propósito. Es mi deseo que su vida dé evidencias del fruto del Espíritu Santo, de santidad y de compromiso con Dios. ¡Que su vida sea un testimonio del poder y la restauración del Señor! ¿LO QUIERE? Siga adelante, porque ¡este es su tiempo! ¡Esta es su hora!

Capítulo 8

¿Acostumbrados a la gloria de Dios?

Hay señales que caracterizan a un verdadero avivamiento a nivel mundial, pero el verdadero avivamiento debe comenzar con usted. Esto no se produce en forma instantánea. Hay un proceso, una relación con Dios, y de esto quiero hablarle.

En Hechos de los Apóstoles se relatan las experiencias de un puñado de hombres completamente transformados por el Espíritu Santo. Pedro es uno de ellos.

¡Cuántas cosas no se han dicho de este apóstol! Los predicadores se han ocupado mucho en enfatizar sus virtudes y sus defectos de acuerdo a la perspectiva bíblica; sin embargo, quisiera rescatar lo que el mismo Señor Jesucristo dijo de él cuando lo llamó a ser su discípulo. Juan 1.42 cuenta que «mirándole Jesús, dijo: Tú eres Simón hijo de Jonás; tú serás llamado Cefas (que quiere decir, Pedro)».

Desde su inicio, la historia bíblica nos refleja el carácter profético que tenían los nombres dentro del pueblo de Israel. A diferencia de nuestras culturas, donde rara vez un nombre tiene una connotación determinada, los judíos usaban nombres con significados muy claros para todo el mundo. El nombre «Abraham» (Génesis 17.5) significa literalmente «padre de una multitud».

Dios le dio este nombre antes de tener a Isaac. Todos, aunque no lo creyeran y se burlasen, al llamarlo «Abraham» lo llamaban «padre de una multitud».

Otras veces los nombres aludían a las circunstancias que rodeaban los nacimientos. «Jabes» (1 Crónicas 4.9-10) recibió este nombre que significa «dolor». ¿Se imagina que todos lo llamen «dolor»? Su madre le puso así: «Por cuanto lo di a luz en dolor» (1 Crónicas 4.9). Sin embargo, Jabes se repuso a la adversidad de su nombre y la Biblia dice que «fue más ilustre que sus hermanos».

Nuestro Señor Jesucristo recibió proféticamente el nombre mesiánico «Emanuel» (Isaías 7.14), cuyo significado era elocuente para todos: «Dios con nosotros».

Simón, aquel pescador de temperamento impulsivo e inestable, tendría un nuevo nombre: «Cefas» o «Pedro», que significa «piedra». Este hombre, al tiempo de ser llamado por el Señor y durante sus primeros años en el ministerio, tenía más semejanza a «un junco» que a «una piedra». Su temperamento cambiante, su fe inestable, poco tenían en común con la fortaleza y permanencia de una roca. Sin embargo, Jesús le dijo a Pedro con ojos de fe: «Tú no serás más un junco» (algo débil, que se dobla fácilmente, que se deja llevar por donde sopla el viento). Serás llamado «piedra» (que se relaciona con la firmeza, con la solidez). ¡Cuán maravilloso es que el Señor nos vea así! Él llama «las cosas que no son, como si fuesen» (Romanos 4.17).

¿Cómo se cumple este proceso en nuestras vidas?

¿Cómo nos transformamos de un «junco» en una «piedra»? Deseo aclararlo, pues es bien importante.

Hablamos de un proceso en cada vida de una relación personal con Dios. No creo en las trasformaciones repentinas en términos absolutos. El hombre y la mujer de Dios no son transformados mediante cambios bruscos ni repentinos. Hay un proceso de transformación, de una relación.

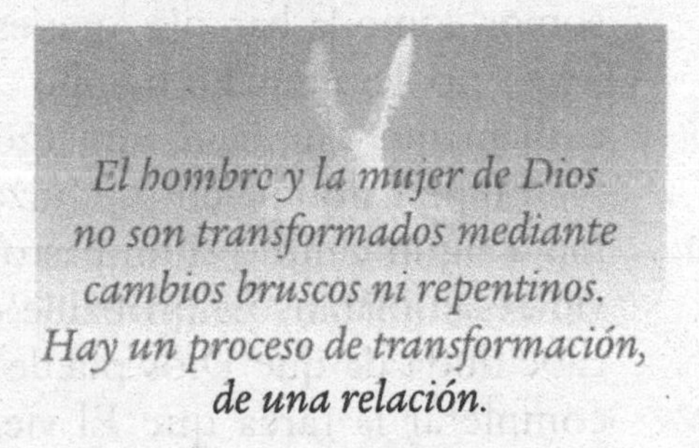
El hombre y la mujer de Dios
no son transformados mediante
cambios bruscos ni repentinos.
Hay un proceso de transformación,
de una relación.

Vemos ese proceso en una de las ilustraciones que Jesús tomó de la vida diaria en sus parábolas del crecimiento del Reino. En la parábola del sembrador (Mateo 13) se ve claro que la revelación de Dios es progresiva. La semilla (la Palabra de Dios) debe caer en una tierra «buena», arada y preparada para recibirlo. Luego la semilla a su tiempo muere, después se quiebra, más tarde surge la simiente de vida y al final se manifiesta el fruto. Nunca esto es instantáneo.

El crecimiento espiritual no se produce con la rapidez de la vida moderna. Vivimos en la época de la rapidez: café instantáneo, comidas al instante. Todo debe ser rápido. Pero en el camino de Dios, Él maneja los tiempos. No hay atajos. En el crecimiento espiritual, como en todo crecimiento, hay un proceso de maduración. En el Reino de Dios no nacemos adultos, sino niños, y luego vamos creciendo como hijos bajo el cuidado de nuestro Padre celestial (Efesios 4.14-16; 1 Corintios 3.1; Hebreos 5.13-14; Juan 1.12-13).

Ese proceso lo vemos ilustrado en la idea del barro en las manos del alfarero de Jeremías 18.1-6. Allí se nos indica que hay una relación de Dios con su pueblo, una obra que Dios realiza progresivamente. A través del Espíritu Santo, nos moldea conforme al modelo que es Jesucristo. No somos como la baratija, que es la imitación de una buena joya y no lleva mucho tiempo confeccionarla. Somos como el diamante, que tiene un largo proceso bajo tierra.

En mi caso fue lento. Quizás algunos crean que si asisten a algún culto o si un pastor les impone las manos, sus vidas cambiarán. Es probable que alguna vez sea así. No cabe duda de que Dios puede usar otros ministerios para completar la tarea que Él viene realizando en nuestros corazones. Pero en mi caso no. Tuve que atravesar largos tiempos de trato divino, de espera, de preparación y quebrantamiento que me formaron para la etapa que vivo hoy.

Sea cual fuere la etapa que atravesamos en nuestro caminar con el Señor, hay una diferencia sustancial entre estar llenos o no del Espíritu Santo. Pedro tuvo un tiempo de caída, de derrota, y de inseguridad, pero Jesús les prometió a él y a los demás discípulos que recibirían poder cuando viniera sobre ellos el Espíritu Santo y que serían sus testigos. Esta promesa se hizo realidad en el aposento alto, cuando «de repente vino del cielo un estruendo como de un viento recio que soplaba, el cual llenó toda la casa donde estaban sentados; y se les aparecieron lenguas repartidas, como el fuego, asentándose sobre cada uno de ellos. Y fueron todos llenos del Espíritu Santo» (Hechos 2.2-4). Esta experiencia gloriosa con el Espíritu Santo marcó su vida.

Pedro caminó con Jesús durante tres años. Vivió los momentos más gloriosos del ministerio del Señor. Vio como sanó a los ciegos y calmó la tormenta. Sin embargo, cuando tuvo que tomar una decisión pública por Cristo, lo negó. Pero cuando recibió la promesa en el aposento alto, la plenitud del Espíritu Santo lo capacitó para ser un testigo fiel.

No cambiamos porque veamos milagros y maravillas... Lo único que realmente influye en la transformación es... la experiencia personal con Cristo, a través de su Espíritu Santo.

La lección es clara. No cambiamos porque veamos milagros y maravillas, ni porque participemos en un hermoso culto. Lo único que realmente influye en la transformación es el aposento alto: la experiencia personal con Cristo, a través de su Espíritu Santo.

Debemos ir a donde está Cristo. Acudir a nuestro Salvador y Ayudador ha de ser el anhelo que surge en cada uno de nuestros corazones. Así lo expresa el Salmo 42.1 «Mi alma tiene sed de Dios». Estamos en este mundo para buscar de Cristo.

Y el que nos lleva a su presencia porque lo conoce y está entre nosotros para glorificarlo es el Espíritu de Cristo.

El Señor Jesús, que por amor del Padre fue enviado a este mundo, ha derramado hoy esta lluvia tardía tal como fue prometido: «Y en los postreros días, dice Dios, derramaré de mi Espíritu sobre toda carne» (Hechos 2.17). De esto deseamos testificar en este libro.

¿«Acostumbrados» a la gloria de Dios?

En la década del ochenta, el Señor levantó en la Argentina a un famoso y formidable evangelista llamado Carlos Annancondia. El Señor hizo a través de su ministerio grandes milagros que acompañaron a la predicación de la Palabra.

Pero con el tiempo, un gran peligro se fue perfilando. Muchos hermanos, después de esa década del ochenta y ya transitando en la del noventa, luego de haber visto las manifestaciones sobrenaturales en la vida y el ministerio del pastor Annacondia, reaccionaban ahora de una forma diferente. Después de haber llorado ante las conversiones y milagros, de haber quedado noches enteras sin poder dormir, pensando en las multitudes que venían a los pies de Cristo, *habían perdido el interés.*

El mismo hermano Annacondia me dijo que muchos de los que en su momento apoyaban sus cruzadas ya no lo hacían con el mismo interés. ¿Por qué? Porque se habían *acostumbrado* a lo sobrenatural. Los cambios no se producen con sólo ver milagros y maravillas.

No se produjeron en los soldados que fueron a arrestar a Jesús. Cuando hallaron al Señor cayeron a tierra frente al «Yo soy», pero luego se pusieron en pie y lo crucificaron. Esta es una tendencia muy antigua.

No se produjeron tampoco en Israel. El capítulo 32 del libro de Éxodo nos relata momentos penosos en la historia del pueblo de Israel. Vemos cómo le dan la espalda a Dios para cometer el terrible pecado de la idolatría, haciendo el becerro de oro para adorarlo. Sólo hacía tres meses que habían salido de Egipto «con mano fuerte». Habían partido de aquella tierra de esclavitud viendo maravillados como las aguas del Mar Rojo se abrían para que pudieran pasar por lo seco. Además de esto, contemplaron la columna de nube y fuego día tras día, el maná del cielo que cada mañana estaba a sus puertas, el agua que Dios hizo brotar de la roca… Eran grandiosos milagros y manifestaciones de Dios. El pueblo convivía con lo sobrenatural.

En Éxodo 19 vemos que Dios se les revela de manera extraordinaria sobre el monte Sinaí: «Cuando vino la mañana, vinieron truenos y relámpagos, y espesa nube sobre el monte, y sonido de bocina muy fuerte; y se estremeció todo el pueblo que estaba en el campamento» (Éxodo 19.16).

Más adelante, dicen temblando: «No hable Dios con nosotros, para que no muramos» (Éxodo 20.19). Esto aconteció alrededor de cincuenta días después de la salida de Egipto.

Y luego sucede lo increíble. Sólo unos pocos días más... ¡Y el pueblo levanta un becerro de oro para adorarlo!

¿Cómo es posible que el pueblo, apenas tres meses después de su salida de Egipto y habiendo visto tantos milagros y maravillas, se haya apartado de Dios para cometer el terrible pecado de la idolatría? ¿Se ha puesto usted a pensarlo? Quisiera dar tres respuestas a esta pregunta.

1) *Se acostumbraron a lo sobrenatural, a la gloria de Dios.*

En Éxodo 19, el pueblo tuvo un temor reverente frente a la gloria de Dios sobre el Sinaí. Fueron conmovidos. Pero luego se fueron «acostumbrando», se volvieron indiferentes. Tal vez dijeron: «¡Esto lo vemos todos los días!» y antes que Moisés descendiera del monte, apostataron de su fe.

2) *Tomaron a la ligera la Palabra de Dios.* Dios les dijo lo siguiente: «No tendrás dioses ajenos delante de mí. No te harás imágenes, ni ninguna semejanza» (Éxodo 20.3-4). Sin embargo, pecaron por no tomar en serio la Palabra de Dios.

3) *No cultivaron una relación personal con Dios.* De acuerdo al énfasis que pone Moisés en Deuteronomio, percibimos que fallaban en su amor a Dios (Deuteronomio 6.5; 7.9; 10.12; 11.1; 13.3; 30.16). Le decían a Moisés:

«Habla con tu Dios, y dile, y pídele». No intentaban por sí mismos establecer una relación personal con Dios.

Hermano, no vivamos con una fe prestada. No dependamos de los hombres. Es nuestra relación personal con el Señor. Nuestro amor y búsqueda personal es lo que en definitiva cuenta. Es el tiempo donde Dios nos demanda que lo busquemos más, que tengamos hambre y sed de su presencia. En este caminar experimentará maravillosos cambios.

Si buscamos al Señor, Él nos llenará con su Espíritu. Nos dirá como a Pedro: «Aunque me hayas fallado, aunque te sientas frágil… ¡Yo te levantaré como una roca!»

DOS ASPECTOS CLAVE

El avivamiento debe comenzar en nuestra vida. Sin embargo, hay dos cosas que nadie podrá hacer en nuestro lugar: 1) Tener fe, y 2) Tener hambre de Dios. Estas sencillas pautas nos llevan a experimentar una vida cristiana victoriosa. La Palabra de Dios nos enseña que en ellas anduvieron los que nos precedieron y llegaron al galardón.

Tener fe es obedecer a Dios. Es «llenarnos de fe» y creer su Palabra, todo lo que Él nos promete. Como observamos, el pueblo de Israel olvidaba continuamente las promesas de Dios. En el Salmo 105 podemos leer las maravillas gloriosas que Dios había hecho en medio de ellos y a continuación, en el Salmo 106, nos relata la actitud que adoptó el pueblo: «Olvidaron al Dios de su salvación, que había hecho grandezas en Egipto, maravillas en la tierra de Cam, cosas formidables sobre el Mar Rojo» (Salmo 106.21-22).

«Aunque me hayas fallado, aunque te sientas frágil... ¡Yo te levantaré como una roca!»

El libro de Hebreos dice que perdieron la tierra «a causa de incredulidad» (Hebreos 3.19). La fe es una señal, característica de todo hombre y mujer de Dios. «Sin fe es imposible agradar a Dios» (Hebreos 11.6). Recibimos la vida eterna cuando tuvimos fe en su obra, en la justicia que ganó para nosotros en la cruz del Calvario. Así comenzó nuestra vida cristiana y así debe continuar.

Cuando tuve mi encuentro personal con el Señor, le abrí mi corazón y le dije: «Señor, si realmente me amas y te acuerdas de mí, entra a mi corazón». ¡Y Él entró en mi vida! Desde el primer instante vi el mundo de otro color, vi a los árboles y a las personas con otros ojos, había nacido de nuevo... Pero ese nuevo nacimiento me llevó hacia nuevas metas, a nuevos pasos y etapas. En esta hermosa vida de fe, el Señor me llamó a subir montes nunca imaginados para estar con Él.

Tener hambre de Dios es ansiar llenarnos de Dios. Para ser un cristiano ungido, lleno de bendición, hay que «tener hambre y sed de justicia» (Mateo 5.6). Jesús dijo: «Bienaventurados los que tienen hambre y sed de justicia», lo cual implica tener hambre de Cristo mismo, hambre de vivir su vida. Esto es posible cuando el Reino de Dios se hace realidad en nuestra forma de ser, en nuestra forma de criar a nuestros hijos, en nuestra forma de conducirnos en la sociedad... Es la fe, en un sentido bien concreto, visible.

El hambre y el anhelo de buscar más la gloria de Dios me llevó a buscar su rostro con todo mi corazón. Fue así que en el año 1992, experimenté un poderoso fluir de Aquel que estaba dentro de mí.

Muchos piensan que lo que reciben de Dios lo reciben de afuera hacia adentro, pero Jesús fue claro al

Hay una fuente en usted... Para que fluya, necesitamos el quebrantamiento, la humillación...

enseñar que los ríos de agua viva están dentro de uno (Juan 7.38). Además, Jesús expresó que de «su interior» correrán ríos de agua viva. La Palabra enseña que mayor es el que está en nosotros que el que está en el mundo (1 Juan 4.4).

Hay una fuente en usted... una vida encerrada, un río contenido. Para que fluya, necesitamos el quebrantamiento, la humillación... depender enteramente del Señor.

Dios en estos días nos llama a sentirnos insatisfechos como aquel pobre que dice: «Señor, yo te necesito. No estoy satisfecho con lo que tengo, quiero más de ti, más de tu presencia. Aún no estoy conforme, porque sé que he recibido una pequeña medida de aquel gran océano».

Imagínese por un momento que usted se acerca hasta el océano más cercano a su domicilio y extrae con una copita una pequeña medida de agua. Así es la distancia que existe entre lo que conocemos de Dios y lo que Dios es. Lo que sabemos de Él es una gota de agua en un gran océano.

Hacia el gran avivamiento

En los diversos lugares que visito, muchos me preguntan: «¿Es esto un avivamiento? ¿Cómo definiría usted un avivamiento?» Quiero dar algunas explicaciones instructivas al respecto.

A lo largo de estos tres años tan intensos hemos observado muchas manifestaciones impresionantes del obrar del Espíritu Santo. Pero últimamente Dios ha revelado a mi corazón su voluntad en cuanto a la iglesia de estos tiempos: La iglesia debe «volver a las sendas antiguas». Como dice Jeremías 6.16: «Así dijo Jehová: Paraos en los caminos, y mirad, y preguntad por las sendas antiguas, cual sea el buen camino, y andad por él, y hallaréis descanso para vuestra alma». «Volver», «pararnos» y examinar nuestros caminos, «preguntar» y «andar». Esto es volver a los principios básicos de la Palabra.

Si vamos a los primeros capítulos del Nuevo Testamento, notamos los mandamientos básicos del Señor Jesús, principios que sostuvieron el avivamiento de la iglesia del Nuevo Testamento y que perduran hasta el día de hoy.

Aquellas «sendas antiguas», que nunca debemos perder de vista, son la predicación del genuino y sincero arrepentimiento que cada cristiano debe tener ante Dios. Más allá de las distintas manifestaciones del Espíritu Santo que hemos visto, (la gente caer por el poder de Dios y quedar bajo la presencia del Espíritu Santo durante horas; estadios enteros disfrutando esta experiencia; gente danzando y gozándose en la presencia del Señor), se encuentra lo que realmente nos lleva a Dios: el verdadero encuentro que produce arrepentimiento y confesión de pecados. Jesús llamó al arrepentimiento a los hombres y luego a la obediencia, que es fruto del arrepentimiento.

La primera manifestación de esta obediencia es el bautismo en agua. Y luego viene el bautismo en el Espíritu Santo que Juan el Bautista anticipó: «El que viene tras mí [...] os bautizará en Espíritu Santo y fuego» (Mateo 3.11). Como vemos, la Palabra usa el «fuego» como símbolo del Espíritu Santo. El fuego que purifica, consume, transforma...

No nos va a cambiar el hecho de caer o no caer, de temblar o no temblar, de reír o no reír. Aceptamos que Dios se está moviendo de esta manera, pero no debemos poner los ojos en las manifestaciones. Lo que realmente va a cambiar nuestra vida es el fuego que estaba en los apóstoles, el fuego que cayó en Pentecostés, el mismo fuego que estaba en la vida de los discípulos.

El fuego y el amor estaban dentro de Jeremías cuando dijo:

> *Había en mi corazón como un fuego ardiente metido en mis huesos; traté de sufrirlo, y no pude* (Jeremías 20.9).

Ese fuego ardiendo nos hace volver a las sendas antiguas, al primer amor, al respeto y al temor por las cosas sagradas.

Las señales del Espíritu Santo (Marcos 16.17-18) deben estar dentro de este contexto y, en tal caso, aconsejo no detenerlas. Aunque algunas nos parezcan sorprendentes, han estado presentes en casi todo despertar del Espíritu Santo.

He leído últimamente algunos escritos muy buenos sobre el tema. John White dice: «La ironía de los avivamientos es que son muy deseados en los tiempos de esterilidad, pero son muy comúnmente resistidos y temidos cuando llegan».

Durante muchos años hemos orado que Dios traiga un avivamiento. Sería bueno que lo dejemos obrar a su manera.

¿Estaremos en un avivamiento? Creo que estamos en la etapa previa, en la etapa del despertar de la iglesia, donde nos damos cuenta que el Señor es una realidad poderosa en nosotros. Una realidad gloriosa que se revela cuando le rendimos culto. En tal sentido, la gloria de Dios se está manifestando actualmente de una forma tangible en muchos lugares del mundo.

Avivamiento verdadero es cuando la sociedad comienza a despertar a la conciencia de que Cristo vive. Se toman decisiones en función de esa realidad, reconociendo que

Él es Señor de señores. El fruto de este mover debe ser siempre pensar hacia fuera, hacia las almas que se pierden. No debe quedar en las manifestaciones, en las sanidades, en los milagros y los prodigios, sino que debe producir en el creyente el deseo de orar para que las almas perdidas se conviertan al Señor Jesucristo.

He aquí la clave, el propósito final del plan de Dios para estos días: que toda lengua, nación y tribu tenga la oportunidad de escuchar y ver a una iglesia viva y poderosa anunciando el evangelio.

Un buen estudio sobre diferentes momentos de la historia afirma que los avivamientos llegan como consecuencia de la misericordia de Dios. Nos abre los ojos en relación a la persona de Dios. Nos llama la atención para que lo veamos. Es allí cuando comprendemos que el Señor es más que nuestras rutinas y tradiciones religiosas.

Algunos tal vez no quieren aceptar que, sin perder la base cristocéntrica y bíblica, debemos ser receptivos a que Dios nos sorprenda con su poder transformador.

Dios empieza primero con la iglesia. Recuerde que el Señor preparó antes a los discípulos, sopló sobre ellos y los hizo esperar en el aposento alto. Por último, los envió para llegar hasta lo último de la tierra con el evangelio poderoso de su Palabra. Es justamente esto lo que sucede hoy en día. El Señor está preparando a su iglesia, la está renovando en la pasión y el amor por Jesús. Está restaurando algunos puntos fundamentales, marcando un verdadero espíritu de santidad y de verdad.

Los avivamientos llegan como consecuencia de la misericordia de Dios. Nos llama la atención para que lo veamos... Es allí cuando comprendemos que el Señor es más que nuestras rutinas y tradiciones religiosas.

En estos últimos tiempos, he visto un mayor interés por leer y prepararse en las Sagradas Escrituras, un interés por entender y conocer más a Dios. El poder de Dios ha traído un mayor amor hacia Dios y hacia el hombre perdido.

Al remontarnos a los grandes avivamientos, como aquellos en los que participó Jonathan Edwards, vemos que la pasión por las almas llevaba a los predicadores a conmoverse, interceder y llorar por ciudades enteras. Luego realizaban las campañas y miles y miles venían a los pies del Señor. Cuando hay un despertar del Espíritu Santo en acción, un hambre del Espíritu de Dios, lo que produce precisamente es un renovado amor hacia Dios y hacia el hombre perdido.

Otra señal de una visitación de Dios sobre su pueblo es la autoridad espiritual que recibe la iglesia. Nunca antes he visto a la iglesia tan firme, en una posición de victoria. Ya no le tenemos miedo a las fuerzas de maldad, sino que estamos viendo y entendiendo que Jesucristo es el que ha vencido y nos ha dado poder sobre el reino del enemigo. Este derramamiento del Espíritu Santo nos ha afirmado en el plano de la autoridad espiritual.

Un avivamiento, como vemos, es más que señales, testimonios, manifestaciones y milagros. Hay algo mucho más sustancioso: es el hambre por buscar a Dios, es la salvación de las multitudes.

En la Patagonia Argentina, en la provincia de Río Negro, existe una pequeña ciudad de unos seis mil habitantes llamada Ingeniero Jacobazzi. En aquella ciudad, cercana a San Carlos de Bariloche (un hermoso lugar de montañas, bosques y lagos), sirve al Señor desde hace muchos años el pastor Pedro Sepúlveda. Su ministerio es un buen ejemplo de cómo debe canalizarse la unción de

Dios y las maravillas que Él hace a favor de los perdidos.

El pastor Sepúlveda fue uno de los tantos pastores que viajó a Buenos Aires cuando el Señor nos visitó tan gloriosamente en el año 1992. El 12 de octubre de 1992 llegó al estadio del Club Obras Sanitarias. Aquel fue un día realmente impresionante. Tanta gente se acercó a buscar del Señor, que debimos hacer dos reuniones y, aún así, algunos no pudieron entrar. Delegaciones de todo el país, con sus ómnibus saturando las calles llegaron desde muy temprano en la mañana y formaron hileras de hasta medio kilómetro, en espera de participar del culto. ¡Había mucha hambre de Dios!

El hermano Sepúlveda participó de la reunión, disfrutó de la gloria de Dios, bebió del Espíritu Santo que se movía con tanta libertad y se fue «impregnando» de esa atmósfera de victoria. Su «techo espiritual» se había elevado.

Regresó a Ingeniero Jacobazzi en la madrugada del domingo. Ese día el culto fue una verdadera celebración. Disfrutaron de cuatro horas intensas en la presencia de Dios. ¡Era maravilloso! Los ríos de agua viva fluían de su interior y toda la iglesia era renovada.

En un momento particular de la reunión, llamó a todos los jóvenes al frente para orar por cada uno de ellos. En ese ambiente de gloria, dos largas hileras de jóvenes, con sus ojos cerrados, esperaban la bendición del Señor. Lo maravilloso es que el pastor sólo llegó a imponer su mano sobre el primer joven de la hilera... ¡Y absolutamente todos los jóvenes cayeron bajo el poder de Dios! Los jóvenes de la iglesia estaban llenos del Espíritu.

El primer amor era real en ellos: deseaban orar, leer la Palabra, predicar. ¡En sólo cinco meses el grupo de jóvenes se triplicó!

Bastó un par de años para que la iglesia creciera al doble de miembros. Fue tal el crecimiento, ¡que el quince por ciento de la población se convirtió a Cristo y se congrega en esta iglesia! El pastor Sepúlveda ha hecho reuniones en estadios donde treinta por ciento de la población ha asistido. El impacto de la iglesia ha provocado que varios de sus miembros ocupen puestos importantes de gobierno en el municipio. Sin duda, ¡Ingeniero Jacobazzi sabe que Cristo vive! Dios también ha usado a este pastor para despertar a otras iglesias de la zona y también en Chile.

Es el tiempo de abrirnos y permitir que el Señor haga descender su lluvia temprana y tardía sobre nuestras vidas. Es tiempo, como dice Juan 14.12, de que hagamos también las obras que Él hizo, que andemos en los planes de Jesús y que vivamos la maravillosa unidad por la que Él rogó al Padre en el capítulo 17 de Juan.

Capítulo 9

HACIA UNA DIMENSIÓN GLORIOSA

Después de experimentar encuentros tan gloriosos con Dios a solas y junto a miles de hermanos, después de gustar su poder y comprobar que podía usarme como un vaso para su honra, le pregunté al Señor: «Dios mío, y ahora… ¿cuál es el próximo paso?» Y el Señor me llevó a su Palabra. Me mostró la necesidad de mantener el fuego del Espíritu Santo y las pautas bíblicas para lograrlo. Después puso en mí una renovada hambre de conocer su gloria y experimentar lo que dice Oseas 6.3: «Y conoceremos, y proseguiremos en conocer a Jehová; como el alba está dispuesta su salida, y vendrá a nosotros como la lluvia, como la lluvia tardía y temprana a la tierra».

Los estudiosos del universo se sorprenden al comprobar que, como dice la Biblia, las estrellas son incontables. ¡Siempre descubren una nueva! Cuando logran extender su visión, verifican que su búsqueda no ha terminado. Así también nosotros, ante la incomparable grandeza de Dios, cuanto más nos acercamos a Él, más nos sorprende su gloria. Exclamamos: «Señor, ¡aún necesito conocerte más! ¡Tengo hambre de ti!»

La gloria de Dios se revela plenamente en Jesucristo, el hijo de Dios. Él es «el resplandor de su gloria, y la imagen misma de su sustancia» (Hebreos 1.3). Pero Dios desea revelarse más que ayer. El profeta Habacuc anunció: «La tierra será llena del conocimiento de la gloria de Jehová, como las aguas cubren el mar» (2.14). Este conocimiento depende en gran medida de nuestra búsqueda personal.

Postrémonos ante Él en adoración, busquémoslo en su Palabra, cultivemos nuestra amistad con Él y la gloria se hará real en nuestras vidas por la presencia del Espíritu Santo.

LA NECESIDAD DE VER SU GLORIA

Quizás piense que el anhelo de vivir en una dimensión gloriosa es un ideal utópico, un misticismo hueco o un mero emocionalismo. ¡Nada más lejos de la realidad! ¡Es la necesidad más grande de nuestras vidas! Fuimos salvos cuando oímos el evangelio y recibimos luz del Espíritu Santo para ver la gloria de Dios en el rostro de Jesucristo:

La Palabra de Dios nos muestra que tener contacto con la gloria es tener relación con Dios mismo. «Porque Dios, que mandó que de las tinieblas resplandeciese la luz, es el que resplandeció en nuestros corazones, para iluminación del conocimiento de la gloria de Dios en la faz de Jesucristo» (2 Corintios 4.6).

En la comunión íntima, en la exposición de su Palabra, el Espíritu Santo nos muestra el rostro de Dios, su gloria, y somos transformados. Como dice 2 Corintios 3.18:

«nosotros todos, mirando a cara descubierta como en un espejo la gloria del Señor, somos transformados de gloria en gloria en la misma imagen, como por el Espíritu del Señor».

¡Necesitamos ver y palpar la gloria de Dios! El contacto con la gloria de Dios nos cambia poderosamente. Por eso el salmista exclamó:

Dios, Dios mío eres tú;
De madrugada te buscaré;
Mi alma tiene sed de ti, mi carne te anhela,
En tierra seca y árida donde no hay aguas,
Para ver tu poder y tu gloria,
Así como te he mirado en el santuario.
Porque mejor es tu misericordia que la vida;
Mis labios te alabarán.
Así te bendeciré en mi vida;
En tu nombre alzaré mis manos. (Salmo 63.1-4)

El rostro de Dios

Un día Moisés abrió su corazón delante de Dios y le pidió conforme a su anhelo más profundo: «Te ruego que me muestres tu gloria» (Éxodo 33.18). Gozaba de una relación única con su creador. Ningún otro del pueblo vivía esa comunión.

Había tenido encuentros majestuosos con Dios en la cima del monte Sinaí. Había visto milagros y maravillas. Pero su corazón deseaba a Dios mismo. Anhelaba el conocimiento pleno de su gloria.

¡Necesitamos ver y palpar la gloria de Dios! El contacto con la gloria de Dios nos cambia poderosamente.

El Señor le respondió: «No podrás ver mi rostro; porque no me verá hombre y vivirá» (Éxodo 33.20). La plenitud gloriosa de Dios la encontramos en su rostro, en el diálogo íntimo al que hoy tenemos acceso todos los hijos de Dios. Moisés tuvo que contentarse con ver «las espaldas de Dios» (Éxodo 33.23); sólo accedió a una revelación parcial de la gloria. Aún no había un sacrificio perfecto que le permitiera la comunión perfecta, libre, con el Dios todopoderoso. Sin embargo, aquella visión transformó a Moisés, su rostro «se impregnó» de la gloria de Dios. «Y aconteció que descendiendo Moisés del monte Sinaí con las dos tablas de testimonio, en su mano, al descender del monte, no sabía Moisés que la piel de su rostro resplandecía, *después que hubo hablado con Dios*» (Éxodo 34.29, énfasis mío). Moisés, tocando sólo «un poco» de la gloria de Dios, impactó al pueblo de tal manera que, temiendo, le rogaron que se cubriese la cara.

Los apóstoles Pedro y Juan, defendiendo con la unción la causa de Cristo frente al concilio, dejaron sorprendidos a aquellos hombres. ¡Qué denuedo! ¡ Qué sabiduría! Pero lo más precioso es que la gente se daba cuenta de que «habían estado con Jesús» (Hechos 4.13). ¿No es tiempo que las personas nos vean y digan lo mismo? ¡Nosotros como hijos de Dios podemos afectar a este mundo si pasamos tiempo delante de su gloria! La gloria de Dios está en el rostro de Jesucristo. ¿Es que no iremos en pos de ella?

Dios desea hacer resplandecer su rostro sobre usted. Así lo declara la bendición sacerdotal que estableció para su pueblo: «Jehová te bendiga, y te guarde; Jehová haga resplandecer su rostro sobre ti, y tenga de ti misericordia; Jehová alce sobre ti su rostro, y ponga en ti paz» (Números 6.24-26).

El salmista clamaba: «Respóndeme pronto, oh Jehová, porque desmaya mi espíritu; no escondas de mí tu rostro, no venga yo a ser semejante a los que descienden a la sepultura» (Salmo 143.7). ¡Sin su presencia uno se siente morir! ¡Qué vacía es la vida sin comunión con Dios! Pero cuando Dios hace resplandecer su rostro sobre nosotros, sobran las palabras. En un silencio profundo contemplamos su hermosura... Su gloria nos rodea y nos ilumina el rostro... Estamos en tierra santa. No en balde el salmista exclamó:

Una cosa he demandado a Jehová, esta buscaré;
Que esté yo en la casa de Jehová
todos los días de mi vida,
Para contemplar la hermosura de Jehová,
Y para inquirir en su templo.
Mi corazón ha dicho de ti: Buscad mi rostro.
Tu rostro buscaré, oh Jehová (Salmo 27.4, 8)

Nuestra reacción frente a la gloria

Ningún ser humano queda inadvertido ante la manifestación de la gloria de Dios. Todo nuestro frágil ser reacciona ante su presencia. Esa fue la experiencia de Juan: «Cuando le vi, caí como muerto a sus pies. Y Él puso su diestra sobre mí» (Apocalipsis 1.17).

El profeta Daniel testificó sobre su experiencia:

«Quedé, pues, yo sólo, y vi esta gran visión, y no quedó fuerza en mí, antes mi fuerza se cambió en desfallecimiento, y no tuve vigor alguno. Pero oí el sonido de sus palabras; y al oír el sonido de sus palabras, caí sobre mi rostro en un profundo sueño, con mi rostro en tierra» (Daniel 10.8-9).

Ningún ser humano queda inadvertido ante la manifestación de la gloria de Dios. Todo nuestro frágil ser reacciona ante su presencia.

Habacuc fue conmovido hasta el extremo delante de la santidad de Dios: «Oí, y se conmovieron mis entrañas; a la voz temblaron mis labios; pudrición entró en mis huesos, y dentro de mí me estremecí» (Habacuc 3.16).

Ciertamente nuestras reacciones frente a la gloria pueden ser diversas. El pastor Donald Exley, de visita en nuestra iglesia, predicó acerca de tres de ellas que siempre deben estar presentes y considero oportuno mencionarlas:

1) *Un temor santo y reverente*

La revelación de la santidad de Dios nos impulsa a humillarnos con temor delante de Él. Su gloria nos da conciencia del abismo entre su carácter y el nuestro. Al contemplarla exclamamos: «¡Ay de mí! que soy muerto; porque siendo hombre inmundo de labios, y habitando en medio de pueblo que tiene labios inmundos, han visto mis ojos al Rey, Jehová de los ejércitos» (Isaías 6.5). El mismo Moisés dijo: «Estoy espantado y temblando» (Hebreos 12.21).

En una de nuestras reuniones se manifestó la gloria del Señor. Su presencia era fuerte. Sería muy difícil describir lo que sucedía en aquel momento (¿Cómo explicar la gloria?). Se encontraba participando del culto a Dios un pastor que estaba de visita junto a su hija, una joven consagrada al Señor. Desde que llegó, la joven permaneció tomada de la mano de su padre, y le decía: «Papá, tengo miedo, tengo miedo...» Su temor no tenía que ver con la gente, ni con el culto. Ella estaba consciente de la realidad gloriosa de Dios, y esto la conmovía.

El pueblo de Israel, tembló ante el sólo reflejo de la gloria de Dios en el rostro de Moisés. ¡Y Moisés no había visto más que «sus espaldas»!

Cuando Moisés dedicó el tabernáculo, la nube de gloria descendió y lo llenó, y ninguno, ni siquiera Moisés, podía estar allí (Éxodo 40.35). Lo mismo sucedió en la dedicación del templo de Salomón. Todos los sacerdotes tuvieron que interrumpir su actividad porque la gloria lo llenaba todo. ¿No habrá llegado el momento de que los pastores junto al pueblo dejemos el activismo para postrarnos delante de la gloria de Dios?

No tomemos livianamente estos tiempos. Si el Señor se manifiesta con su gloria necesariamente debe producir en nosotros temor de Dios, deseo de no ofenderlo.

2) *Un deseo profundo de santificarnos*

La santificación es necesaria para que se manifieste la gloria en nuestras vidas, y debe ser la consecuencia natural luego de un encuentro glorioso.

Fue requisito para el pueblo de Israel en Éxodo 19. Antes de la manifestación visible de la gloria sobre el monte Sinaí debían santificarse, prepararse para estar en la presencia del Dios santo.

La revelación de la santidad de Dios nos impulsa a humillarnos con temor delante de Él. Su gloria nos da conciencia del abismo entre su carácter y el nuestro.

No podemos presentarnos delante de Él con nuestras vidas desordenadas. Esta fue la tragedia de los sacerdotes Nadab y Abiú. Habían participado en la consagración de los sacerdotes. Vieron la *shekinah*, la gloria de Dios, descender sobre el tabernáculo, y salir fuego delante de Dios para consumir el holocausto, símbolo de entrega y consagración

(Levítico 9.22-24). Al otro día pretendieron ofrecer incienso a Dios con sus vidas en desorden, con fuego extraño que Dios nunca les mandó, y fueron consumidos por la ira de Dios porque no reconocieron su gloria y la santidad que nos demanda. No supieron discernir lo santo y lo profano. Tal vez consideraron a Dios como un medio para lograr sus ambiciones (Levítico 10.1-11).

Luego de estar bajo la gloria de Dios, en una relación de amor, nuestro deseo es agradarle en todo.

Sin embargo lo que nos motive a santificarnos no debe ser el temor al castigo sino un amor profundo. Luego de estar bajo la gloria de Dios, en una relación de amor, nuestro deseo es agradarle en todo. No queremos perder esa dulce comunión con el Espíritu Santo, pues Él nos comunica la gloria que está en Cristo. No queremos contristarlo, ni ofenderlo. Cantares 2.3-4 expresa poéticamente esta relación de intimidad: «Bajo la sombra del deseado me senté, y su fruto fue dulce para mi paladar. Me llevó a la casa del banquete y su bandera sobre mí fue amor».

Cuando estamos bajo «la nube de gloria» estamos protegidos, somos guiados en la voluntad de Dios y refrescados bajo su sombra ¡No hay mejor lugar! Con sumo placer cuidaremos nuestras vestiduras para seguir gozando de su comunión.

3) *Adoración y gozo*

La gloria de Dios nos impulsa a adorarlo. No se revela a nuestras vidas sólo para producir algún efecto emocional, calmar nuestros nervios, o algo semejante. Desea ser reconocido y adorado. Cuando su gloria se manifiesta en nuestras reuniones, nos olvidamos de los relojes. No hay horarios. El Espíritu Santo nos impulsa una y otra vez a postrarnos y adorarlo. Es maravilloso.

Su gozo nos inunda. Dios es gozo. Su presencia trae gozo. En esa dimensión hay sanidad para el alma y el cuerpo, y el gozo nos hace más hermosos que cualquier maquillaje o tratamiento de este mundo (Proverbios 17.22, 15.13). La gloria del Señor nos da belleza. Sofonías 3.17 nos presenta un hermoso cuadro de Dios reunido con su pueblo: «Jehová está en medio de ti, poderoso, Él salvará; se gozará sobre ti con alegría, callará de amor, se regocijará sobre ti con cánticos».

Es lo que vivimos en el presente: reuniones gloriosas, poderosas... Dios que se goza a causa de nosotros. ¡Hacemos fiesta delante de su gloria! ¡Su gozo es nuestra fuerza! (Éxodo 5.1; Nehemías 8.10)

Me enteré de cierto estudio que reveló que los niños ríen cuatrocientas veces al día, mientras que los adultos sólo lo hacen quince veces. Me pregunto: ¿Dónde perdimos las trescientos ochenta y cinco risas? ¿Será que nos falta algo de niños, según Dios?

¡Alabado sea el Señor que manifiesta su gloria restaurando el gozo y la alabanza!

El tabernáculo de Dios

El tabernáculo es una preciosa figura que Dios nos dejó, un modelo que nos ayuda a entender la realidad de Jesucristo y su iglesia y la forma de acercarnos a Dios.

El tabernáculo era el templo «ambulante» de los israelitas durante su peregrinaje en el desierto. Era la morada de Dios en medio de su pueblo (Éxodo 25.8). Así mismo, era el lugar establecido por Dios para que se le rindiese culto.

Aplicando estas verdades a la luz del Nuevo Testamento, encontramos que, en el presente, la morada de Dios y el lugar de su culto es la iglesia de Jesucristo.

Usted y yo somos «la morada de Dios en el Espíritu» (Efesios 2.2), los encargados de rendirle culto presentando nuestras vidas «en sacrificio vivo, santo, agradable a Dios, que es vuestro culto racional» (Romanos 12.1).

Si nos interesa profundizar nuestra comunión en gloria con el Señor, el tabernáculo nos muestra el camino a través de sus figuras. Constaba de dos grandes partes:

1) El patio exterior. Se encontraba cercado por una pared de 2,25 metros de alto hecha con lino blanco. Sólo los levitas y sacerdotes podían ingresar al patio exterior a través de la única puerta (de 9 metros de ancho), mientras el pueblo debía contentarse con observar desde afuera las actividades. En el patio exterior se hallaban dos objetos sagrados: en primer lugar «el altar de bronce» o altar del sacrificio; y en segundo lugar, «el lavacro» o lavatorio.

2) La tienda (el tabernáculo propiamente dicho). Era una carpa rectangular de 13,5 metros por 4,5 metros de ancho. En su interior encontramos dos recámaras, a las cuales hace referencia Hebreos 9.1-5.

El Lugar Santo era la sección más grande, a la que sólo tenían acceso los sacerdotes para ministrar el culto a Dios. El Lugar Santo contenía tres muebles: la mesa con los panes de la proposición, el candelabro o lámpara y el altar del incienso, que estaba delante del grueso velo que separaba el Lugar Santo de la segunda recámara: el Lugar Santísimo (vv. 2-3).

El Lugar Santísimo era el recinto más pequeño del tabernáculo y también el más sagrado. Allí entraba solamente el sumo sacerdote una vez al año en el día de la expiación. En el Lugar Santísimo estaba el arca del pacto, con su cubierta (el propiciatorio) y los querubines labrados en oro. En este lugar se manifestaba la gloria de Dios en forma visible: la *shekinah*. La presencia de Dios se hacía visible en forma de nube luminosa, manifestándose sobre la sangre vertida en el propiciatorio y los querubines de gloria.

Refiriéndose al Lugar Santísimo, Hebreos dice:

> Así que, hermanos, teniendo libertad para entrar al Lugar Santísimo por la sangre de Jesucristo, por el camino nuevo y vivo que Él nos abrió a través del velo, esto es, de su carne, y teniendo un gran sacerdote sobre la casa de Dios, *acerquémonos* con corazón sincero, en plena certidumbre de fe, purificados los corazones de mala conciencia y lavados los cuerpos con agua pura (Hebreos 10.19-22, énfasis mío).

¡Es la más grande invitación! El Lugar Santísimo representa el mismo cielo: «Porque no entró Cristo al santuario hecho de mano, figura del verdadero, sino en el cielo mismo para presentarse ahora por nosotros ante Dios» (Hebreos 9.24).

Es el mismo lugar que el apóstol Esteban vio antes de su martirio: «Pero Esteban, lleno del Espíritu Santo, puestos los ojos en el cielo, vio la gloria de Dios y a Jesús que estaba a la diestra de Dios, y dijo: He aquí, veo los cielos abiertos, y al Hijo del hombre que está a la diestra de Dios» (Hechos 7.55-56).

Tengo una buena noticia: ¡Los cielos siguen abiertos! La gloria de Dios está tan cerca de usted como la palabra que llega del corazón a su boca (Romanos 10.6-9). Cierre los ojos y diga solamente: «JESÚS». Los cielos se abrirán para usted.

Hay «libertad para entrar al Lugar Santísimo por la sangre de Jesucristo». Cuando el Señor «partió» su cuerpo en la cruz, rasgó el velo espiritual que nos separaba de su presencia. Los que ahora formamos parte de su iglesia tenemos abierto «el camino nuevo y vivo» a la gloria que está en Él.

La gloria de Dios está tan cerca de usted como la palabra que llega del corazón a su boca

Quiero invitarlo a recorrer el camino hacia el Lugar Santísimo, tal como lo hacía el sumo sacerdote (¡no olvide que ahora usted puede hacerlo!). Atravesaremos la puerta del patio exterior y nos detendremos en cada uno de los principales objetos del tabernáculo: el altar de bronce, el lavacro, la mesa, el candelabro, el altar del incienso y finalmente el arca del pacto, la gloria.

Cada uno de estos objetos nos entrega simbólicamente profundas enseñanzas para nuestra vida devocional. Estos principios bíblicos lo llevarán, si los practica, hacia una dimensión gloriosa en la comunión con el Espíritu Santo.

EL ALTAR DEL SACRIFICIO

El altar de bronce era el objeto más grande del tabernáculo y el primero en el camino hacia el Lugar Santísimo. Allí eran muertos en sacrificio los animales que establecía la ley. Era un lugar de adoración y muerte.

Este altar representa la cruz de Cristo. Somos salvos por creer en Cristo muerto y resucitado, y al bautizarnos declaramos nuestra identificación plena con su muerte y resurrección. Pero el mensaje de la cruz nos convoca diariamente: «Si alguno quiere venir en pos de mí niéguese a sí mismo, tome su cruz cada día, y sígame» (Lucas 9.23).

¿Qué significa negarnos a nosotros mismos? Significa que debemos estar dispuestos a decirle «no» a nuestra voluntad, nuestro intelecto y nuestras emociones, cuando estos sean contrarios a la voluntad de Dios. Esto es morir cada día. No podemos negociar con Dios. Siempre nos lo pedirá todo. En vano procuraremos quedarnos con una parte bajo nuestra tutela, pues perderíamos la gloria.

Morir duele. A veces implica dejar algunas cosas. Uno quizás no comprenda los motivos, pero Dios dirá: «No te conviene, no lo quiero para tu vida».

No hay gloria sin cruz. Queremos la gloria, pero la gloria tiene un precio: nuestra vida. Jesús aceptó pagar ese altísimo precio, al vislumbrar con gozo los resultados de su entrega. Esto es lo que expresa Hebreos 12.2: «Por el gozo puesto delante de Él sufrió la cruz, menospreciando el oprobio, y se sentó a la diestra en el trono de Dios».

El altar es un lugar de adoración; sin embargo, es un lugar de muerte. Los holocaustos sobre el altar de bronce testificaban diariamente de esta verdad.

La primera vez que se menciona el término «adorar» en la Biblia es en Génesis 22.5, cuando Abraham iba rumbo al monte a sacrificar a su único hijo: «entonces dijo Abraham a sus siervos: Esperad aquí con el asno, y yo y el muchacho iremos hasta allí y adoraremos, y volveremos a vosotros».

No hay gloria sin cruz. Queremos la gloria, pero la gloria tiene un precio: nuestra vida.

Esta una experiencia solitaria. Nadie, excepto Dios, comprenderá exactamente el precio de nuestra entrega. Ninguno podrá cargar nuestra propia cruz. Sin embargo, cuando le entregamos a Dios aquello que amamos (nuestros planes, nuestro tiempo, nuestra familia, nuestro trabajo), ¡adoramos a Dios en Espíritu y en verdad! La verdadera adoración es poner nuestra vida entera en el altar, y decir: «No sea hecha mi voluntad sino la tuya» (véanse Romanos 12.1-2; Mateo 26.39).

TRES PROBADAS RECOMENDACIONES

1) Persista en la oración

Muchos cristianos no gustan la gloria de Dios en su vida de oración porque no la practican con disciplina. No están dispuestos a morir a la comodidad, a sus propios planes, para dedicarle tiempo a la oración. En alguna ocasión me han preguntado: «¿Por qué suelen ser prolongadas sus reuniones?» Mi respuesta es siempre la misma: «La comunión con el Espíritu Santo normalmente requiere tiempo». ¿Por qué nos cuesta tanto comprender algo tan sencillo? Los hombres de Dios que han impactado al mundo han sido todos, sin excepción, profundos y constantes en su vida de oración. No se contentaron con unos pocos minutos rutinarios.

Estamos siempre dispuestos a hacer muchas cosas para Dios: predicar, leer un libro, trabajar. Pero cuando se trata de la vida de oración nos damos cuenta de que nuestro viejo hombre la rehúye, ¡y nosotros lo apañamos! Debemos hacerlo morir sobre nuestras rodillas y silenciar todas las voces que nos tientan a desistir en la búsqueda espiritual. Es necesario invertir tiempo. Los primeros momentos suelen ser dificultosos (especialmente si hemos perdido la regularidad en la oración).

Nuestra voluntad se resiste a la cruz. Deseamos levantarnos y hacer otras cosas. La clave es permanecer sobre nuestras rodillas, «sintamos» la bendición o no. Debemos creer que Dios es galardonador de los que lo buscan (Hebreos 11.6).

Nuestra búsqueda en oración no se sujeta a métodos rígidos, pero necesita de nuestra parte una disposición muy especial. Es necesario tener un deseo de encontrarnos con Dios a solas en nuestro lugar de oración. La buena música cristiana nos ayuda e inspira a adorar al Señor. La lectura de las Escrituras (muchas veces en voz alta) es impactante y abre nuestro ser interior al obrar del Espíritu Santo. Así transcurren mis tiempos de oración cuando busco con denuedo oír su voz en mi corazón.

El altar nos invita a rendirlo todo delante de Dios. Perseveremos en buscar su rostro. Es probable que luego de pasar un tiempo en oración, experimente la paz del Espíritu Santo. Sus cargas y ansiedades habrán sido ya entregadas al Señor (Filipenses 4.6-7). Mi consejo es: ¡No se detenga! Es sólo el comienzo. Por fin sus problemas han dejado de ocupar un lugar preponderante y puede centrar su atención en Dios mismo, en la comunión personal. Es cuando se manifiesta la gloria, el encuentro renovado, la Palabra de Dios a nuestro corazón, los silencios inefables…

2) Espere en la presencia de Dios

¡Cuán importante es saber esperar en la presencia de Dios! Los discípulos antes de Pentecostés recibieron la orden de esperar: «Quedaos vosotros en la ciudad de Jerusalén, hasta que seáis investidos de poder desde lo alto» (Lucas 24.49). Antes de oír la voz de Dios desde la nube de gloria, Moisés tuvo que esperar: «Entonces Jehová dijo a Moisés: Sube a mí al monte, y espera allá, y te daré» (Éxodo 24.12) ¡Ciertamente no nos gusta esperar! Pero tiene grandes beneficios:

- Esperar indica que Dios tiene la prioridad. No podemos ir a Él con apuros y condicionamientos. Vamos a su presencia con respeto. ¡Yo estoy a sus órdenes y no Él a las mías! Como dice la Biblia: «Pacientemente esperé a Jehová, y se inclinó a mí, y oyó mi clamor» (Salmo 40.1).

- Esperar permite a Dios obrar en nosotros y debilitar nuestra voluntad para que ceda a la suya. Es parte del altar del sacrificio. Así como el labrador antes de plantar las semillas prepara la tierra (ara, rompe, quita las piedras), Dios lidia con nuestro corazón errante y nos prepara para oír su voz mientras esperamos en su presencia.

- Esperar demuestra la seriedad de nuestro pedido. Cuando en realidad deseamos algo, lo esperamos con persistencia. No lo olvidamos fácilmente. La búsqueda de Dios no debe basarse en las emociones, sino en una voluntad diaria y constante. Con facilidad declaramos: «Señor, anhelo conocer tu gloria», pero después nuestros hechos no concuerdan con aquel anhelo. Pronto abandonamos la búsqueda. Cuando realmente deseamos la gloria, estamos dispuestos a esperar en la presencia de Dios, a pasar tiempo con Él. Imagine que un joven cristiano le declara su amor a una jovencita. Ella, como suele ocurrir, tal vez le diga: «Dame tiempo para orar sobre este asunto». ¡Tenga por cierto que este joven la va a esperar! Tiene un gran interés en la respuesta. De ese mismo modo debemos anhelar la gloria de Dios.

¡Cuánto valor tiene esperar sobre nuestras rodillas!

3) Mantenga el fuego del altar

Una vez que el Señor ha encendido el fuego del Espíritu Santo en nuestros corazones, debemos mantener viva la llama. Dice Levítico 6.12-13 que «el fuego encendido sobre el altar no se apagará, sino que el sacerdote pondrá en él leña cada mañana, y acomodará el holocausto sobre él, y quemará sobre él las grosuras de los sacrificios de paz. El fuego arderá continuamente en el altar; no se apagará».

En el tabernáculo había un sacerdote que tenía la responsabilidad diaria de cuidar el fuego. Debía quitar las cenizas y agregar más leños cada mañana. Podemos imaginarlo en las frías madrugadas del desierto buscando la leña, cargándola sobre sí y llevándola hasta el altar para ponerla sobre el fuego... Su servicio nos deja una clara lección: no podemos mantener nuestra vida espiritual sin esfuerzo y dedicación diaria.

Es un principio natural que todo fuego tiende a apagarse. Experimenté esta sencilla verdad en una de mis primeras citas con Betty. Acabábamos de formalizar nuestro noviazgo y la invité a pasar un día de campo. Hice todos los preparativos para agasajarla con un buen «asado argentino», carne hecha a las brasas muy típica de nuestro país. Aunque no tenía mucha experiencia en el tema esperaba causar una buena impresión en mi prometida. Pero muy pronto descubrí que estaba en problemas... ¡No era tan sencillo mantener un buen fuego!

No podemos mantener nuestra vida espiritual sin esfuerzo y dedicación diaria.

Nuestras relaciones también se desgastaban si no las cuidamos. Un matrimonio mantiene la llama viva del amor cultivando esa relación de amistad, de fidelidad y compañerismo en forma diaria. De lo contrario, nos puede suceder como a aquel matrimonio que venía de camino en su automóvil y la mujer le dijo a su esposo:

«Querido, te acuerdas al principio, cuando éramos más jóvenes, que siempre que conducías el automóvil íbamos abrazados tiernamente...» El marido, luego de un breve silencio, le contestó: «Querida, en lo que a mí respecta, aún permanezco sentado en el mismo lugar».

Y así sucede en nuestra relación con Dios. El Señor sigue allí, como siempre, muy cerca suyo. Depende de usted acercarse y mantener la comunión. Dios nos exhorta: «No apaguéis al Espíritu» (1 Tesalonicenses 5.19). Si no le prestamos la debida atención el fuego se apaga.

¡Es necesario darle valor a la presencia de Dios en nuestra vida! Debemos remover toda ceniza (pecado, carnalidad) y arreglar nuestro altar cada mañana. ¡Dios nos quiere «fervientes en Espíritu»! (Romanos 12.11).

El profeta Jeremías fue llamado a ministrar a un pueblo duro de corazón. Pasó circunstancias de gran adversidad y persecución. Pero cuando su corazón flaqueaba, un fuego en su corazón lo sostenía: «Y dije: No me acordaré más de Él, ni hablaré más en su nombre; no obstante, había en mi corazón como un fuego ardiente metido en mis huesos; traté de sufrirlo y no pude» (Jeremías 20.9). Era un fuego de amor, de compromiso. El fuego que Dios quiere encender y mantener ardiendo en su vida.

Usted puede experimentar por la presencia de Dios del Espíritu Santo este llamado a seguir adelante, a no dejar de batallar, a mantenerse limpio y santo para la obra de Dios. En el camino a la gloria debemos pasar por el altar del sacrificio, morir en él y mantener su llama encendida cada día.

Capítulo 10

POR SIEMPRE EN LA DIMENSIÓN GLORIOSA

No existe mayor delicia que caminar a diario en comunión con el Espíritu Santo. ¡Es glorioso! Pero es necesario ser firmes y constantes en buscar al Señor. «Permanece en mí, y yo en vosotros», dice el Señor en Juan 15.4. «Como el pámpano no puede llevar fruto por sí mismo, si no permanece en la vid, así tampoco vosotros, si no *permanecéis en mí*». Por lo menos en once oportunidades el Señor menciona el verbo «permanecer» en este mensaje.

El «primer amor» debería ser una realidad fresca, siempre presente en nuestra vida, pero no siempre es así. No lo era en los cristianos de Éfeso. Aunque la iglesia en Éfeso era abundante en obras encomiables, había dejado sus «primeras obras». Había perdido el lugar de privilegio que el apóstol Pablo menciona en Efesios 2.6 («juntamente con Él nos hizo sentar en los lugares celestiales en Cristo Jesús»). El Señor la tuvo que exhortar: «Recuerda, por tanto, de dónde has caído, y arrepiéntete, y haz las primeras obras; pues sino, vendré pronto a ti, y quitaré tu candelero de su lugar, sino te hubieres arrepentido» (Apocalipsis 2.4-5).

El cristiano se debilita en su fe cuando no permanece en el primer amor. Se vuelve «un profesional» del culto. Conoce todo lo que sucede en la iglesia, aprende unos versículos de la Biblia, incorpora a su hablar un vocabulario religioso, sirve a Dios en algún aspecto ministerial, y luego dice: «No queda más por conocer». ¡ Qué pena! Ha perdido el primer amor. Jesús ha dejado de ser su deleite y se ha extraviado en la rutina religiosa. Necesita arrepentirse.

¿Por qué se apaga el fuego del Espíritu Santo en nosotros? Porque dejamos a un lado principios sencillos que desdeñamos por buscar otras repuestas. La lectura de la Biblia, la oración diaria, el temor de manchar nuestras vestiduras, la pasión por los perdidos, la devoción al Señor son prácticas que jamás podremos abandonar sin apagar el fuego.

La gloria no es solamente una esperanza para el futuro. Hoy debemos vivir en triunfo, respirar aquella atmósfera de gloria en los lugares celestiales con Cristo. Podemos descansar en Él en nuestra vida, y luego servirlo con todas las fuerzas en el centro de su voluntad. Por tanto, he aquí el desafío para este tiempo: mantengamos la llama del Espíritu Santo, permanezcamos en las primeras obras, en el primer amor.

La gloria no es solamente una esperanza para el futuro... Podemos descansar en Él en nuestra vida, y luego servirlo con todas las fuerzas en el centro de su voluntad.

¡Sigamos adelante, pues, con una disposición firme y diaria de acudir al altar del sacrificio y rendir nuestra vida en oración! Acerquémonos al Lugar Santísimo.

El agua purificadora

El lavacro o lavatorio es el próximo objeto sagrado que encontramos en nuestro camino hacia el Lugar Santísimo, luego de pasar la puerta y el altar de bronce, tenemos por delante, en el patio exterior, la fuente de agua, el lugar de la purificación.

Diariamente, antes de ministrar en el altar del sacrificio y para ingresar al Lugar Santo, los sacerdotes debían lavarse las manos y los pies. El Señor ordenó a Moisés:

«Harás una pila de bronce, con su base de bronce, para lavar; y la colocarás entre el tabernáculo de reunión y el altar, y pondrás en ella agua y de ella se lavarán Aarón y sus hijos, las manos y los pies. Cuando entren en el tabernáculo de reunión, se lavarán con agua para que no mueran; y cuando se acerquen al altar para ministrar, para quemar la ofrenda encendida para Jehová, se lavarán las manos y los pies para que no mueran. Y lo tendrán por estatuto perpetuo, él, y su descendencia por sus generaciones» (Éxodo 30.18-21).

No podemos tener comunión con Dios si no estamos dispuestos a ser lavados. El Señor le dijo a Pedro: «Si no te lavare, no tendrás parte conmigo» (Juan 13.8). Hebreos 10.22 nos indica que debemos acercarnos «purificados los corazones de mala conciencia y lavados los cuerpos con agua pura».

Diariamente como sacerdotes de Dios, necesitamos que el Espíritu Santo y la Palabra de Dios nos redarguyan de pecado y mediante el arrepentimiento ser transformados de gloria en gloria.

El lavacro fue formado con los espejos que donaron las mujeres del pueblo, que eran de bronce pulido. En la fuente se colocaba el agua para la purificación. A pesar de las minuciosas indicaciones divinas para la construcción del tabernáculo, se omite la medida de la fuente. Es un hermoso testimonio acerca del carácter de Dios: su amor y su gracia no tienen medida. Él está dispuesto a perdonar y transformar a todo aquel que lo busca con sincero arrepentimiento. Podemos exclamar igual que David: «¡Cuán preciosa, oh Dios es tu misericordia! Por eso los hijos de los hombres se amparan bajo la sombra de tus alas» (Salmo 36.7).

Lectura y meditación de la Palabra de Dios

El lavacro es una hermosa figura que nos habla de la Palabra de Dios «que convierte el alma» (Salmo 19.7), que nos purifica. La carta de los Efesios declara que el Señor se entregó por la iglesia «para santificarla, habiéndola purificado en el lavamiento del agua por la Palabra» (5.26). Dios nos habla a través de las Escrituras. El salmista clamaba: «Haz que tu rostro resplandezca sobre tu siervo y enséñame tus estatutos» (Salmo 119.135).

Si uno lee el diario y mira las noticias por televisión, no encuentra mucho de positivo. Sólo noticias de un mundo en crisis, de un mundo que sufre. Pero existe una verdadera fuente de bendición y pureza para nuestra vida: la Palabra de Dios. Si uno no lee la Biblia se queda sólo con lo humano y siempre hay un motivo de ansiedad.

En la Biblia encontramos hechos tremendos, notables, y debemos meditar en ellos. El Señor nos invita a meditar en sus buenas noticias: «En la hermosura de la gloria de tu magnificencia y en tus hechos maravillosos meditaré» (Salmo 145.5). Cuando esté ansioso, piense que el mismo Dios que abrió el Mar Rojo abrirá puertas en los desiertos de su vida y lo socorrerá en su dificultad.

La Biblia nos enseña a meditar en la Palabra de Dios todo el día: «Bienaventurado el varón que no anduvo en consejos de malos, ni estuvo en camino de pecadores, ni en silla de escarnecedores se ha sentado; sino que en la ley de Jehová está su delicia, y en su ley medita de día y de noche» (Salmo 1.1-2). Debemos conocerla porque de ella mana la vida. La Biblia dice claramente: «Mi pueblo fue destruido, porque le faltó conocimiento» (Oseas 4.6).

Jesús era sabio en las Escrituras, y nos envió al mejor maestro: el Espíritu Santo. Podemos orar: «Espíritu Santo, tú que inspiraste a hombres y mujeres de Dios en las Escrituras, háblame, enséñame, muéstrame la verdad». La lectura devocional bajo la unción de Dios es transformadora.

El lavacro fue realizado con los espejos que donaron las mujeres. Esta circunstancia tiene un importante significado. El espejo ilustra la obra que realiza la Palabra de Dios en nosotros. Cuando nos levantamos por la mañana y nos miramos en el espejo, este refleja nuestra imagen. Todos los defectos quedan a la vista: la barba que necesita ser afeitada, los ojos hinchados, alguna pequeña mancha... En fin, que nos revela nuestra realidad cotidiana. Delante de él nos podemos asear y embellecer. Las mujeres (siempre con más recursos) tienen su ceremonial de cada día y cuidadosamente se arreglan hasta quedar hermosas... Así sucede con la Palabra de Dios. Cuando la leemos o escuchamos una predicación ungida, el Espíritu Santo nos muestra nuestra condición delante de Dios. La Palabra

«Espíritu Santo, tú que inspiraste a hombres y mujeres de Dios en las Escrituras, háblame, enséñame, muéstrame la verdad».

nos juzga y llega adonde nadie puede hacerlo para poner al desnudo nuestra vida: «Porque la Palabra de Dios es viva y eficaz, y más cortante que toda espada de dos filos; y penetra hasta partir el alma y el espíritu, las coyunturas y los tuétanos, y discierne los pensamientos y las intenciones del corazón. Y no hay cosa creada que nos sea manifiesta en su presencia; antes bien todas las cosas están desnudas y abiertas a los ojos de Aquel a quien tenemos que dar cuenta» (Hebreos 4.12-13).

Este juicio de la Palabra, que comienza por la casa de Dios (1 Pedro 4.17), no es para condenación sino para purificación. El lavacro con su base de espejo reflejaba la suciedad de los sacerdotes, pero les proveía abundante agua para la limpieza. Como en un espejo la Palabra de Dios nos hace ver las actitudes que debemos cambiar, y nos lleva al arrepentimiento.

Cuando la Palabra de Dios nos toca, es más que una emoción. El verdadero arrepentimiento permite al Espíritu Santo trabajar con nuestra vida. Dios es el único que puede ir más allá de las emociones y llegar al espíritu del hombre, dándole una nueva vida que trasciende lo superficial, lo mediocre, para convertirse en un vida espiritual.

El lavacro con su base de espejo reflejaba la suciedad de los sacerdotes, pero les proveía abundante agua para la limpieza. Como en un espejo la Palabra de Dios nos hace ver las actitudes que debemos cambiar, y nos lleva al arrepentimiento.

La incomparable autoridad de Jesús residía en su absoluta obediencia a la Palabra de Dios. Con toda confianza podía desafiar sus enemigos: «¿Quién de vosotros me redarguye de pecado?» (Juan 8.46). Dicen las Escrituras: «Y cuando terminó Jesús estas palabras [su célebre Sermón del Monte, en los capítulos cinco, seis y siete de San Mateo] la gente se admiraba de su doctrina; porque le enseñaba como quien tiene autoridad, y no como los escribas» (Mateo 7.28-29). Las multitudes percibían una gran diferencia en Jesús: Él vivía aquello que enseñaba y no así los religiosos de la época. Dice la Biblia que el Señor descendió del monte y entró en Capernaún; «y cuando llegó la noche, trajeron a Él muchos endemoniados; y con la palabra echó fuera a los demonios, y sanó a todos los enfermos» (Mateo 8.16). Jesús tenía perfecta autoridad para dar órdenes al mundo espiritual y físico, porque vivía en perfecta obediencia al Padre.

¿Queremos tener unción, autoridad? ¡Meditemos en la Palabra de Dios! Obedezcámosla, dejemos que nos transforme. Leámosla con una actitud sumisa: «¿Qué me dice Dios en este día? ¿Qué espera Él de mí?» No empecemos a leer en el Génesis leamos primero el Sermón del Monte. Meditémoslo. Mirémonos en el espejo de la Palabra. El Señor no nos ungirá mientras estemos yendo de un lado al otro como cuando hacemos «zapping» frente al televisor. Él derramará su gloria mientras meditamos en su Palabra y buscamos su rostro.

Ocuparnos en la lectura de la Biblia permite al Espíritu Santo enseñarnos los secretos de Dios para que crezcamos en la fe. El apóstol Pablo exhortó a Timoteo: «Entre tanto que voy, ocúpate en la lectura, la exhortación y la enseñanza» (1 Timoteo 4.13). Cuando las Escrituras se iluminan delante de nuestros ojos, con toda confianza podemos levantarla como un estandarte de guerra. El diablo no retrocede frente a nuestras experiencias sino cuando de la boca de un hijo de Dios que vive en santidad escucha: «Escrito está...»

Oración

La oración es un medio maravilloso que Dios usa para santificarnos. Orar es dialogar con Dios, es tener un encuentro con el Dios tres veces santo, y a través de esa experiencia somos limpiados. Cuando oramos, nos exponemos a la obra del Espíritu Santo que trae la voz de Dios a nuestra vida, y podemos ser lavados una vez más en la preciosa sangre del Cordero.

En la Biblia, especialmente en los Salmos, encontramos preciosas oraciones ungidas por Dios. Son oraciones que tienen la particularidad de que fueron enteramente inspiradas por Dios y por ello forman parte de las Escrituras. A través de ellas podemos aprender mucho acerca de la oración, y del corazón del adorador. Descubrimos, por ejemplo, las facetas del corazón de David que llevaron a Dios a decir: «Hallé a David mi siervo; lo ungí con mi santa unción» (Salmo 89.20). Y hallamos oraciones como:

> *Escudríñame, oh Jehová y pruébame; examina mis íntimos pensamientos y mi corazón* (Salmo 26.2)

> *Examíname, oh Dios, y conoce mi corazón; pruébame y conoce mis pensamientos; y ve si hay en mí camino de perversidad, y guíame en el camino eterno* (Salmo 139.23-24).

> *¿Quién podrá entender sus propios errores? Líbrame de los que me son ocultos* (Salmo 19.12).

La oración no es un monólogo, sino un diálogo sublime. En comunión con el Espíritu, nos abrimos a oír su tierna voz. Pero uno tiene que aprender a oír la voz de Dios. Él jamás nos obliga a tomar decisiones (el Espíritu

Santo es todo un caballero), sino que nos habla al corazón con voz suave, exhortándonos a hacer la voluntad de Dios y desnudando lo más recóndito de nosotros.

Como nuestro corazón es engañoso (Jeremías 17.9), necesitamos que Dios nos examine en su presencia. Cuando el Espíritu Santo nos examina, nos convence de pecado, de justicia y de juicio (Juan 16.8), y nuestros conceptos se desmoronan. Con el pecado sucede lo mismo que con la lepra en el Antiguo Testamento. La ley de Moisés estipulaba que cuando alguien sospechaba que tenía lepra, debía ir al sumo sacerdote para constatarlo. No importaba su propia opinión, ni la de la sociedad, ni la de sus amigos y familiares. Sólo uno tenía la autoridad para juzgar semejante situación, sólo había una voz autorizada.

Así sucede con nuestros pecados: sólo Dios, que es santo, puede determinar cuándo hay pecado en nuestra vida y cuándo no. Depende de nosotros detenernos delante de Dios y decirle: «Examíname, escudríñame con tu lámpara».

Ahora bien, si uno invita a una persona educada a su casa y le dice: «Siéntate en ese sillón», se quedará allí esperando. Seguramente no se levantará para hurgar las habitaciones, ni abrirá la heladera, sino que esperará a que uno se acerque a él y lo atienda. Cuanto más atención se le dé al invitado, mayor será el diálogo y la oportunidad de conocerle. Si uno lo ignora completamente, tal vez dicha persona se ponga en pie y le diga: «¿Para qué me invitaste?» Por eso, cuando las circunstancias nos apremien, cuando todo parezca salir mal y sintamos la urgencia de ir a la presencia de Dios para pedirle sabiduría y luz para nuestro camino, debemos darle la atención que se merece.

Depende de nosotros detenernos delante de Dios y decirle: «Examíname, escudríñame con tu lámpara».

Tenemos libertad para entrar al Lugar Santísimo. De nosotros depende el hacerlo. El Espíritu Santo desea obrar profundamente en nuestra vida. Dios nos dice: «Volveos a mí, y yo me volveré a vosotros» (Malaquías 3.7). Cuando un hijo de Dios clama en oración, el Padre nunca dice a sus ángeles: «Díganle que no estoy». Él siempre atiende «el teléfono», jamás encontraremos ocupada la línea. En esta esfera de gloria, el Señor nos quiere hablar sobre cosas grandes y ocultas. No solamente quiere hablarnos de los maravillosos planes que tiene para con nuestra vida, sino que también desea hablarnos de nuestro corazón, del fruto que Él desea hallar. Cuando entramos en su santuario comprendemos todas las circunstancias (Salmo 73.17). Job defendió su integridad delante de Dios hasta que tuvo un encuentro profundo con Él, y entonces exclamó: «Yo conozco que todo lo puedes, y que no hay pensamiento que se esconda de ti [...] Yo hablaba lo que no entendía; cosas demasiado maravillosas para mí, que yo no comprendía. Oye, te ruego, y hablaré; te preguntaré y tú me enseñarás. De oídas te había oído; más ahora mis ojos te ven. Por tanto me aborrezco, y me arrepiento en polvo y ceniza» (Job 42.2-6).

El profeta Habacuc se quejó fuertemente en la presencia de Dios, pero cuando el Señor le habló, comprendió su indignidad y dejó escrito un precioso cántico de victoria: «Aunque la higuera no florezca, ni en las vides haya fruto, aunque falte el producto del olivo, y los labrados no den mantenimiento, y las ovejas sean quitadas de la majada, y no haya vacas en los corrales; con todo, yo me alegraré en Jehová, y me gozaré en el Dios de mi salvación» (Habacuc 3.17-18).

Necesitamos andar en el Espíritu, sumergidos en el río de Dios. Cuando nos zambullimos bajo el agua perdemos parcialmente la capacidad de ver y oír. Bajo el río del Espíritu Santo dejamos de oír las cosas del mundo, los comentarios banales, los chismes. Nada de eso nos interesa. Estamos atentos a nuestra relación íntima con el Espíritu Santo. En cuanto sacamos la cabeza del río espiritual, oímos la voz del diablo, la voz de la mentira, la voz del desánimo... Por eso debemos orar: «Señor, sumérgeme en tu río. No permitas que me salga de él. Quiero depender de ti, oír tu voz».

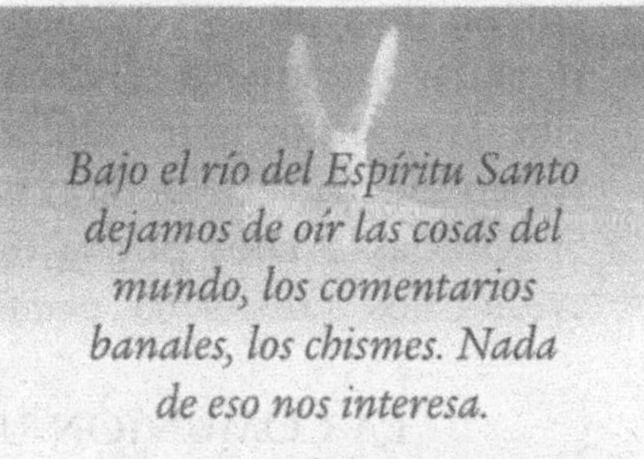

Bajo el río del Espíritu Santo dejamos de oír las cosas del mundo, los comentarios banales, los chismes. Nada de eso nos interesa.

A veces es necesario orar y ayunar. Los discípulos, la iglesia primitiva, practicaban el ayuno y la oración (Hechos 13.3). Jesús habló de la actitud correcta que debe acompañar al ayuno (Mateo 6.16-18). El mismo Jesús, nuestro mayor ejemplo, ayunaba (Mateo 4.2).

No he sido particularmente afecto a ayunar como rutina, pero periódicamente Dios me invita a ayunar. ¡Hay un gran poder en el ayuno! En la Biblia, el ayuno es señal de humillación del pueblo que se postra reconociendo su necesidad de Dios por sobre cualquier alimento humano. Nuestro Señor reprendió al diablo cuando le tentó en el desierto: «Escrito está: No sólo de pan vivirá el hombre, sino se toda palabra que sale de la boca de Dios» (Mateo 4.4).

El ayuno no es algo mágico, ni una práctica que fuerce a Dios a cumplir nuestros deseos. No es para que nos jactemos de ser muy espirituales. Al contrario, es para humillación de nuestra carne, para disciplinarnos a buscar a Dios, y en oportunidades para ayudarnos a volver al cauce divino. La mejor motivación para ayunar es sencillamente esa: buscar el rostro de Dios y renovar nuestra comunión con Él.

Antes que el Señor derramara esta fresca y poderosa unción en el año 1992, fui inquietado a hacer semanas enteras de ayuno. ¡Tenía hambre de Dios! Deseaba experimentar una nueva relación con Él y me esforzaba para ello. Hoy le doy gran valor a aquellos momentos y sé que tienen mucha relación con mi presente.

Gracias a Dios por la oración que, a veces unida al ayuno, nos transforma, purifica y dirige en su voluntad.

La comunión unos con otros

La comunión de la iglesia es un importante factor para nuestra purificación. Es imposible crecer sanos en el camino de Dios aislados de la comunión del Cuerpo. Necesitamos a nuestros hermanos. Ellos tienen dentro una fuente de agua viva que nos ayuda en nuestra limpieza.

El evangelio de Juan nos menciona uno de los momentos más sublimes de la vida de Jesús. El Señor y maestro, en vísperas de su crucifixión, en un marco de intimidad junto a sus discípulos, nos dejó la más preciosa de las enseñanzas: «Sabiendo Jesús que el Padre le había dado todas las cosas en las manos, y que había salido de Dios, y a Dios iba, se levantó de la cena, y se quitó su manto, y tomando una toalla se la ciñó. Luego puso agua en un lebrillo y comenzó a lavar los pies de los discípulos, y a enjugarlos con la toalla con que estaba ceñido» (Juan 13.3-5).

El ayuno no es algo mágico, ni una práctica que fuerce a Dios a cumplir nuestros deseos... es para humillación de nuestra carne, para disciplinarnos a buscar a Dios...

El lavarnos los pies unos a otros tiene una implicación mayor que el sólo hecho de servirnos. Tiene una estrecha relación con nuestra vida en santidad. En nuestro andar diario como cristianos, a menudo nuestros pies se manchan de pecado. Nuestra confesión a solas delante de Dios es más que suficiente para experimentar su perdón y tomar la victoria sobre todo mal. Pero hay momentos en que necesitamos con urgencia que un hermano, un siervo de Dios, se arrodille y nos lave los pies. El señor les señalo a sus discípulos: «Porque ejemplo os he dado, para que como yo os he hecho, vosotros también hagáis» (Juan 13.15).

Dice Eclesiastés 4.9-10: «Mejores son dos que uno [...] Porque si cayeren, el uno levantará a su compañero; pero ¡ay del solo! que cuando cayere, no habrá segundo que lo levante». Grandes hombres de Dios han caído estruendosamente porque se quedaron solos, porque no pidieron ayuda en el momento justo. A veces uno atraviesa circunstancias en la vida cristiana donde la batalla resulta adversa. Un pecado pretende enseñorearse de nuestra vida, una tentación nos pone al borde del abismo. Son tiempos en que nuestra oración individual, nuestra lectura bíblica, parecen no ser suficientes para triunfar. Si le preguntamos a Dios dónde está la salida, Dios nos señalará la iglesia, los hermanos que Él nos dio. Debemos andar en luz y tener siempre un hermano mayor a quien recurrir en caso de peligro. Jamás pretendamos lograrlo solos. Es cierto: reconocer nuestras faltas suele ser humillante. A ninguno le agrada mostrar «su pie sucio», ¡pero es tan necesario!

En esta carrera de santidad, Dios obra a nuestro favor utilizando hermanos que nos respaldan en oración, que nos disciplinan cuando lo necesitamos, o simplemente que nos escuchan con un silencio de amor. A veces nos toca ser ese hermano que escucha. Caín no tenía razón cuando Dios le preguntó por Abel y respondió: «¿Soy yo acaso guarda de mi hermano?» (Génesis 4.9) ¡Si lo somos! El pecado, el problema de mi hermano, tiene relación con mi vida. Somos un cuerpo en Cristo. En la comunión unos con otros Dios nos santifica. Como dice 1 Juan 1.7: «Si andamos en luz, como Él está en luz, tenemos comunión unos con otros, y la sangre de Jesucristo, su Hijo nos limpia de todo pecado».

La mesa del Señor

Dejemos atrás el atrio con el altar de bronce y la fuente de agua e ingresemos ahora al Lugar Santo, la primer sala del tabernáculo. A este lugar sólo entraban los sacerdotes. Cada uno de sus muebles nos enseña acerca de nuestro ministerio como iglesia. La mesa con los panes de la proposición nos habla de nuestro ministerio «hacia adentro», hacia la comunión de la iglesia. El candelabro, el segundo elemento en el Lugar Santo, se relaciona con nuestro ministerio «hacia afuera», hacia el mundo perdido. Y el altar del incienso enfatiza nuestro ministerio «hacia arriba», hacia Dios mismo.

La mesa, construida con madera acacia y revestida en oro, tenía encima doce panes: uno por cada tribu de Israel. Sobre la mesa del tabernáculo estaban los doce panes delante de Dios, la diversidad en perfecta unidad. Todo el pueblo estaba representado en la mesa como una ofrenda a Dios. En cada santa cena celebramos esta verdad: «Siendo uno solo el pan, nosotros con ser muchos, somos un cuerpo; pues todos participamos del mismo pan» (1 Corintios 10.17).

El pecado, el problema de mi hermano, tiene relación con mi vida. Somos un cuerpo en Cristo.

Ya que somos un cuerpo, es necesario y bíblico que aprendamos unos de otros. El Señor utiliza a otros siervos como ejemplo para nuestras vidas. Si uno desea crecer en este camino glorioso debe rodearse de hombres ungidos, siervos que aman a Dios, que lo conocen y son fieles. Debemos acercarnos a ellos y ver cómo viven, cómo oran, cómo actúan. El mismo apóstol Pablo dijo: «Sed imitadores de mí, así como yo de Cristo» (1 Corintios 11.1). ¿Quién podría cuestionar la influencia positiva que ejerció Moisés sobre Josué, Elías sobre Eliseo y Pablo sobre Timoteo? Crecemos al aprender unos de otros, según lo que cada uno recibió de Dios (1 Pedro 4.10).

Eliseo es un buen ejemplo para nosotros. Su perseverancia en ir detrás de Elías, su renuncia a todo por ser fiel al llamado, su íntimo deseo por la plenitud del Espíritu, le permitieron recibir un ministerio notable. Dios quiere darnos más de su poder, pero jamás lo recibiremos si nos quedamos aislados del cuerpo, ni si nos asociamos con el chismoso, el que critica y el rebelde. Tenemos que juntarnos con personas cuyas palabras son un «manantial de vida» (Proverbios 10.11). Nos ayudarán a crecer, nos inspirarán para que amemos y sirvamos más a Dios.

La mesa y los panes de la proposición simbolizan también la provisión de Dios para su pueblo. Había un pan para cada tribu. ¡Dios tenía una parte escogida para cada uno! La provisión no es sólo material, pues hablamos de Jesucristo mismo: «Yo soy el pan de vida; el que a mí viene, nunca tendrá hambre; y el que en mí cree, no tendrá sed jamás» (Juan 6.35). No existe otro alimento que satisfaga el alma. Jesucristo es nuestro todo, nuestro verdadero pan. Cuanto más comemos de Él por el Espíritu, ¡más hambre tenemos!

Nunca dejemos de comer ese pan. Si no perseveramos en comer del Espíritu, nos debilitaremos, caeremos en la rutina, viviremos un cristianismo triste y desabrido.

¿Está usted comiendo de ese pan? Puedo asegurarle que los manjares más deliciosos de esta tierra se encuentran en su aposento de oración. El Señor lo está esperando: «He aquí, yo estoy a la puerta y llamo; si alguno oye mi voz y abre la puerta, entraré a Él, y cenaré con Él, y Él conmigo» (Apocalipsis 3.20). Quizás esté viviendo como el hijo pródigo. Quizás es necesario que se diga:

> «¡Cuántos jornaleros en casa de mi padre tienen abundancia de pan, y yo aquí perezco de hambre!» (Lucas 15.17)

La mujer sirofenicia demostró su gran fe al sostener que unas pocas migajas caídas de la mesa eran suficientes para libertar a su hija (Marcos 7.28). ¡Cuánto más los hijos de Dios haremos proezas sentados en la mesa del Rey! ¡Disfrute de sus manjares!

La luz del mundo

El candelabro de oro era la única luz del tabernáculo. Los sacerdotes velaban para que alumbrase de continuo. El Señor Jesucristo revela en Apocalipsis 1.20 que «Los siete candeleros que has visto son las siete iglesias». La iglesia es la luz del mundo (Mateo 5.16). Nuestro ministerio «hacia afuera» es fundamental para acrecentar el poder de Dios en nuestras vidas.

La unción de Dios se incrementa en nuestra vida cuando cumplimos el ministerio que Dios nos ha encomendado, cuando damos lo que hemos recibido. El aceite de la viuda cesó cuando no hubo más vasijas donde volcarlo (2 Reyes 4.6). Si dejamos de dar, cesará nuestro aceite. Quizás pensemos: «No sirvo, no tengo talentos, no estoy preparado»; pero Dios nos dice: «Te voy a usar, pon tu vida en mis manos». No tengamos a menos lo que Dios nos ha dado. La iglesia se debilita cuando los hermanos entierran

> *La unción de Dios se incrementa en nuestra vida cuando cumplimos el ministerio que Dios nos ha encomendado, cuando damos lo que hemos recibido.*

su talento al pensar que no tienen nada que dar.

Es hora de que todos los cristianos seamos protagonistas en la obra de Dios, no solamente los pastores. Esteban era un diácono de la iglesia primitiva cuya tarea era servir las mesas. Pero Esteban no se limitaba a las tareas materiales, sino que cultivaba su vida espiritual.

Se consagró a la voluntad de Dios hasta derramar su vida, y no fue un mediocre ni un conformista. El resultado fue asombroso. Dios lo levantó y usó poderosamente. Dice Hechos que «Esteban, lleno de gracia y de poder, hacía grandes prodigios y señales entre el pueblo» (Hechos 6.8). Al enfrentarse al concilio manifestó tanta autoridad en la Palabra que «no podían resistir a la sabiduría y al Espíritu con que hablaba» (Hechos 6.10).

Tenemos que recibir esta visión para resplandecer en este mundo. Hay muchos lugares que necesitan oír la Palabra de vida. Un obrero no nace, se hace. No nacemos con un brillo especial: el Señor nos va formando. Al igual que a los doce discípulos que desde una perspectiva humana no tenían grandes méritos para ser escogidos, el Señor nos ha llamado en fe para grandes cosas y nos está preparando.

Nuestro ministerio debe tener su fuente en el Espíritu Santo. Necesitamos poder para predicar, para enfrentarnos al mundo con la autoridad con que Jesucristo lo hacía. La gente está cansada de palabras sin vida. No podemos tocar el mundo si Dios no nos toca primero.

En una etapa de mi vida mi prioridad era trabajar. Me levantaba temprano y corría todo el día. Cuanto más hacía más satisfecho estaba. Pero Dios me habló durante una

El aceite de la unción nos hace resplandecer en un mundo de tinieblas

entrevista pastoral con un miembro de mi congregación. Mientras escuchaba atentamente los problemas del entrevistado y esta persona lloraba con angustia el Espíritu Santo vino sobre mí con poder. La experiencia fue tan fuerte que debí aferrarme a mi silla. Entonces me habló: «Claudio, ¿qué haces aquí?» le contesté: «Señor, estoy trabajando, haciendo tu obra». El Espíritu Santo me dijo suavemente: «Te estoy esperando en tu aposento de oración». ¡Era necesario hacer la tarea pastoral y escuchar a la grey, pero Dios me señalaba lo que tenía prioridad! Dios no quería verme en una rutina pastoral, aún cuando estuviese llena de buenas intenciones. Lo primero debe ser estar en contacto con Dios; luego, cumplir con eficiencia nuestro ministerio. Debemos estar en contacto con Dios primero porque es nuestra fuente de poder.

Para servir necesitamos su investidura espiritual. Lo entendí cabalmente días atrás cuando transitaba en mi automóvil por una calle céntrica de la ciudad de Buenos Aires. El tránsito estaba muy congestionado con las personas que regresaban del trabajo. Para cualquier peatón hubiera sido muy riesgoso cruzar la calle en semejantes circunstancias, pero un hombre se paró en el medio de aquella avenida y todos los vehículos se detuvieron al instante. ¿Sabe por qué? Estaba vestido con el uniforme de policía. Era un hombre común y corriente, pero tenía algo que lo distinguía: estaba investido de autoridad. Sin su uniforme lo arrollarían sin misericordia, pero su presencia imponía respeto. La unción del Espíritu es la investidura espiritual de los creyentes. Cuando el Señor nos unge nos da una autoridad espiritual que todos reconocen. El mismo diablo vendrá contra nosotros, verá la investidura y se detendrá. Exclamará: «No puedo con él, el Señor Jesucristo lo respalda». La mano de Dios estará con nosotros. ¡Su brazo nos fortalecerá y quebrantará a nuestros enemigos! (Salmo 89.20-23).

El aceite de la unción nos hace resplandecer en un mundo de tinieblas. No recibimos el poder para exclamar: «¡Nadie se me acerque porque estoy ungido!» Por el contrario, tenemos en Jesús nuestro mejor ejemplo. Hechos 10.38 dice que Dios ungió con el Espíritu Santo y con poder a Jesús de Nazaret, y este «anduvo haciendo bienes y sanando a todos los oprimidos por el diablo, porque Dios estaba con él».

Somos el candelabro de Dios, la luz del mundo. Si queremos marchar hacia una dimensión gloriosa debemos actuar como siervos de Dios. El propósito de Dios es que conquistemos las naciones para Cristo con el poder del Espíritu Santo. Si encerramos la unción dentro de la iglesia y nos gozamos y danzamos a puertas cerradas, mientras el mundo se pierde, si no canalizamos este glorioso mover del Espíritu Santo en la evangelización, el Señor lo quitará de nosotros y se lo dará a otros que sepan canalizarlo. ¡Predique las buenas nuevas a este mundo necesitado y Dios añadirá más gloria a su vida! Pidamos poder a Dios. El Señor nos dice: «Pídeme, y te daré por herencia las naciones» (Salmo 2.8).

El incienso: las oraciones de los santos

El altar del incienso era el último objeto sagrado del Lugar Santo. Estaba ubicado frente al grueso velo que separaba al Lugar Santo del Lugar Santísimo. El perfume del incienso penetraba por el velo hasta la presencia gloriosa de Dios sobre el arca del pacto. Es interesante que Juan cuenta en Apocalipsis 5.8 que el Señor tomó el libro, y «los cuatro seres vivientes y los veinticuatros ancianos se postraron delante del

En nuestro camino a una vida cristiana victoriosa, el altar del incienso (la alabanza y la adoración, la comunión con Dios en oración) nos pone en contacto con la gloria.

Cordero; todos tenían arpas y copas de oro llenas de incienso, que son las oraciones de los santos».

El incienso representa aquello que sube delante de la presencia de Dios, esencialmente nuestra oración. «Suba mi oración delante de ti como el incienso, el don de mis manos como la ofrenda de la tarde», dice el Salmo 141.2. También «sube» delante de Dios nuestra alabanza, nuestra adoración y aún nuestras ofrendas (Hechos 10.31).

El altar del incienso nos relaciona, pues, con el primer ministerio de la iglesia: la alabanza y la adoración, la comunión con Dios en oración. Es nuestro ministerio «hacia arriba». La carta de los Efesios señala que fuimos escogidos «para alabanza de la gloria de su gracia» (1.6). La comunión con los que nos rodean y nuestro testimonio al mundo dependen de este ministerio sacerdotal. La iglesia primitiva se movía en un ambiente de oración y adoración profunda. Cuando los discípulos ministraban al Señor, recibían la dirección necesaria para llevar adelante su obra (Hechos 13.2-3). En nuestro camino a una vida cristiana victoriosa, el altar del incienso nos pone en contacto con la gloria.

La oración de fe, que marcó el inicio de nuestra vida cristiana cuando creímos en el evangelio (Romanos 10.9-10), sigue siendo hoy el medio más maravilloso de acceder al conocimiento de la gloria de Dios.

HACIA UNA DIMENSIÓN GLORIOSA

El Lugar Santísimo es el destino final de este camino nuevo y vivo, es el lugar del encuentro personal entre Dios y sus hijos.

El arca del pacto era el único mueble del Lugar Santísimo. Contenía, entre otras cosas, una urna con maná, la vara de Aarón que reverdeció y las tablas del pacto (Hebreos 9.4). Sobre el propiciatorio del arca se rociaba la sangre que cubría los pecados del pueblo, y sobre la sangre se manifestaba la gloria.

El velo que se rasgó al morir Cristo nos invita a entrar con libertad a los lugares celestiales mediante la oración. Nadie podría estar allí si no fuera por los méritos de Cristo, nuestro Sumo Sacerdote, presente simbólicamente en el arca del pacto. Nuestra vida tiene un sentido trascendente por nuestro Señor Jesucristo, quien nos roció con su sangre y revela ahora en estas vasijas de barro el tesoro refulgente de su presencia.

Cuando entramos al Lugar Santísimo, a esta comunión con el Dios santo, nos maravillamos al comprobar que Jesucristo aboga perpetuamente a nuestro favor mostrando a su Padre las marcas de sus manos traspasadas en la cruz. Delante de su gloria somos fortalecidos con el maná del cielo que Él nos ofrece. Jesús vuelca en nosotros su misma vida. En el Lugar Santísimo encontramos la autoridad que representa la vara de Aarón que reverdeció. Es el poder de la resurrección que nos da la victoria sobre la muerte y Satanás. Así mismo, a los pies del maestro, en su habitación celestial, aprendemos sus estatutos; recibimos poder para vivir la Palabra que está escrita en las tablas de nuestro corazón.

Practicar la comunión con el Espíritu Santo es una decisión que debemos tomar seriamente. Pero en el camino de Dios no podemos avanzar hacia una vida cristiana victoriosa, llena de la gloria del Señor, con soluciones instantáneas, sino viviendo la Palabra de Dios. No obstante, como dice Oseas 6.3: «Conoceremos, y proseguiremos en conocer a Jehová».

Capítulo 11

¡PASIÓN POR DIOS!

Años atrás, cuando terminaba los cultos en nuestra iglesia, los hermanos me decían: «Este culto fue tremendo». Pero yo pensaba dentro de mí: «Tengo sed, estoy insatisfecho». Y me iba a mi casa, me arrodillaba y oraba: «¡Señor quiero más y más... Estoy insatisfecho, sé que hay ríos, manantiales... Señor, quiero conocerte!» Dios había puesto en mí esa sed. Cuando lo busqué con pasión, encontré lo que necesitaba.

Un día los ojos se me abrieron y entendí que la relación personal con el Espíritu Santo es más profunda que el sólo hecho de dirigirle palabras a Dios. Fui transformado. Comencé a vivir una nueva etapa en mi vida y en mi ministerio. El Espíritu Santo me llenó y volví al primer amor, donde no hay rutina religiosa ni cultos formalistas, donde todo es fresco y renovado. Fue una experiencia tan fuerte que no dormía por las noches para tener comunión

Dios había puesto en mí esa sed. Cuando lo busqué con pasión, encontré lo que necesitaba.

con Él. Aún hoy, su presencia me seduce de tal manera que me cuido los ojos y el corazón para que no se aparte de mí.

Lo mismo le sucedió al apóstol Pablo, quien vivió tremendas experiencias con el Señor. Su maravillosa conversión rumbo a Damasco lo puso cara a cara con el Cristo resucitado. Su ministerio palpó lo sobrenatural a través de las revelaciones en la Palabra (2 Corintios 12.1) y las señales y prodigios del Espíritu Santo que acompañaron a su predicación (12.12). ¡La pasión que el amor de Dios despertó en él lo consumía al punto de estar dispuesto a dejarlo todo! Su anhelo más profundo estaba en la misma persona de su Rey. Con todo fervor deseaba conocerlo. Según Filipenses 3.7-8, su meta era conocer a Cristo: «Pero cuantas cosas eran para mí ganancia, las he estimado como pérdida por amor de Cristo. Y ciertamente, aún estimo todas las cosas como pérdida por la excelencia del conocimiento de Cristo Jesús, mi Señor, por amor del cual lo he perdido todo, y lo tengo por basura, para ganar a Cristo».

Muchas personas en este mundo, aún sin conocer a Dios, lo dejan todo por un ideal. Se sacrifican por alcanzar la meta que representa la pasión de su vida. Un atleta que se prepara para una competencia lleva una vida de rigor y privaciones. Todos los días se levanta temprano para hacer sus ejercicios. Sigue un estricto régimen de comidas. Para él no existen los días feriados, ni los tiempos de ocio. No vacila en esforzarse y privarse de todo. ¡Su corazón está dominado por una pasión!

Esa misma pasión debería caracterizar a todos los cristianos al buscar el rostro de Dios. Deberíamos arder con el mismo fuego que ardía en Pablo, en Jeremías, en Moisés, hombres que no se sentían satisfechos consigo mismos en cuanto a lo espiritual. ¡Siempre querían más! Tenían hambre de Dios, pasión por conocerlo... Eran creyentes maduros.

¿Cuál es la diferencia entre un cristiano maduro y otro que no lo es? Mientras el creyente inmaduro sólo busca las manos del Señor (sus beneficios, sus obras), el espiritual tiene su mirada puesta en el rostro del Señor, en su misma persona. El inmaduro desea sólo los beneficios, «el poder». Es espiritual busca conocer al Dios de poder, su carácter, su voluntad. ¡Cuántos cristianos chapotean en cinco centímetros de agua pudiendo internarse en las profundidades de Dios! Me temo que muchos de ellos realmente no lo conocen porque nunca lo buscaron de veras (véase Salmo 145.18).

Así sucedió con el pueblo de Israel. En su peregrinaje por el desierto, no buscó a Dios para amarlo y obedecerlo. Sólo le interesaban los beneficios que le daba. Al respecto dice el Salmo 81.11: «Pero mi pueblo no oyó mi voz, e Israel no me quiso a mí». Y Dios se lamentaba con dolor: «¡Oh si me hubiera oído mi pueblo, si en mis caminos hubiera andado Israel! En un momento habría yo derribado a sus enemigos, y vuelto mi mano contra sus adversarios» (Salmo 81.13-14).

El Señor quiere tener comunión con nosotros, desea nuestro amor, nuestra atención. No podemos ser negligentes en semejante asunto. El Señor siempre nos recordará estas verdades aunque creamos saberlas (2 Pedro 1.12). Algunos me han dicho: «La Biblia dice "Orad sin cesar". Yo no necesito arrodillarme porque estoy todo el día en oración». Ciertamente debemos mantener nuestro diálogo interior con el Espíritu Santo las veinticuatro horas del día. Pero no se engañe: Ese nivel de comunión depende en forma vital de nuestros encuentros diarios a solas con el Señor. Jesús nos dejó ejemplo en su vida de oración y así nos enseñó: «Mas tú, cuando ores, entra en tu aposento, y cerrada la puerta ora a tu Padre que está en secreto» (Mateo 6.6).

El diálogo con Dios requiere de un tiempo especial. Pensemos en nuestras relaciones cotidianas: ¿cómo nos comunicamos con nuestro prójimo? A menudo invitamos a una persona a nuestro hogar, a un buen restaurante, nos sentamos a tomar un café, conversamos, charlamos acerca de nuestras experiencias. Con Dios es igual: necesitamos tiempo para estar con Él. No se sorprenda que el Espíritu Santo lo exhorte al oído: «¡Hoy saliste sin orar!» Sucede que olvidó al principal invitado de su vida. Lo dejó sentado a la mesa, mudo y sin dirigirle una palabra. Dios le dará poder espiritual cuando se niegue a sí mismo y someta su carne para buscarlo. Para ello debe ordenar sus prioridades. Si puede hacerlo, acuéstese más temprano y levántese antes para orar. Dedique el primer tiempo de su día al Señor. El gran predicador Moody señaló: «El cristiano que se arrodilla más, se para mejor».

¡Es verdad! Si comenzó su día sobre sus rodillas, en comunión con Dios, estará firme toda la jornada. Tendrá vida espiritual y discernimiento de la voluntad de Dios. ¡No rechace su comunión!

«El cristiano que se arrodilla más se para mejor».

Al contrario de los israelitas, que conocieron la derrota porque pusieron sus ojos en las obras de Dios más que en Dios mismo, Moisés es un precioso ejemplo de búsqueda espiritual. Aún cuando disfruto también de las maravillas que Dios hizo en el desierto (el maná, el agua de la roca, la nube y la columna de fuego), a diferencia del pueblo deseaba conocer a Dios en lo íntimo. El pueblo clamaba: «¡Queremos comida! ¡ Queremos agua!» Moisés oraba: «Muéstrame tu gloria, quiero conocerte, tengo hambre y sed de justicia». El Salmo 103.7 declara en cuanto a la revelación de Dios: «Sus caminos notificó a Moisés. Y a los hijos de Israel sus obras». ¿Por qué Moisés recibió este conocimiento y no el pueblo? Por una sencilla razón: Moisés lo pidió: «Ahora, pues, si he hallado gracia en tus ojos, te ruego que me muestres ahora tu camino, para que te conozca» (Éxodo 33.13). Y Dios lo hizo. Él siempre responde al clamor sincero de sus hijos.

También el rey David era un hombre de oración, un tremendo adorador. Las circunstancias adversas, en lugar de abatirlo, despertaban en él una sed espiritual intensa. Esta búsqueda conmovía sus entrañas hacia esa prioridad absoluta que significaba para él encontrarse con Dios:

> *Como el siervo brama por la corrientes de las aguas, así clama por ti, oh Dios, el alma mía. Mi alma tiene sed de Dios, del Dios vivo; ¿cuándo vendré y me presentaré delante de Dios?* (Salmo 42.1-2).

En el Salmo 3 encontramos uno de los tantos momentos de adversidad en la vida de David. Su propio hijo, Absalón, se había levantado contra su trono y muchos otros se habían sumado a su traición: «¡Oh Jehová, cuánto se han multiplicado mis adversarios! Muchos son los que se levantan contra mí» (v.1).

Este tipo de clamor representa una rutina para muchos cristianos. Se lamentan por su situación, porque sus problemas se han multiplicado. Sus propios familiares los defraudan mientras la voz del enemigo golpea sus mentes con pensamientos de fracaso. «¡Oh Jehová, cuántas adversidades!» Es el clamor de ellos. Pero la experiencia de David no se quedaba en el lamento porque gozaba de la paz y la confianza que viene de lo alto: «Yo me acosté y dormí, y desperté, porque Jehová me sustentaba. No temeré a diez millares de gente, que pusieren sitio contra mí» (Salmo 3.5-6).

En el versículo 4 hallamos la clave para pasar del lamento a la victoria: «Con mi voz clamé a Jehová, y Él me respondió desde su monte santo». ¡Qué diferencia entre el versículo 1 de este salmo y los versículos 5 y 6! Cuando David se arrodilló, clamó y tuvo comunión con Dios, el Señor le respondió desde su monte santo. El verdadero impacto de un ser humano en el mundo no depende de su apariencia o capacidades humanas. De nada le servirán estas cosas si está vacío por dentro. La verdadera fuerza la reciben «los que esperan a Jehová» (Isaías 40.31), los que palpan la gloria y tienen el perfume de Cristo en sus corazones.

Usted necesita esta experiencia. A lo largo de este libro he procurado grabar esta Verdad sublime: Dios desea que lo busque, que tenga hambre del Espíritu Santo. Sólo así descubrirá la gloria de Dios en su vida y los tesoros escondidos que Él ha reservado para los que le aman. Busque a Dios y la victoria será suya. El Señor quiere darse a conocer, pero no se revelará por medios naturales sino espirituales. Nadie conocerá jamás el verdadero carácter del Señor a través de las cosas creadas, sino cuando le busca «en Espíritu y en verdad» (Juan 4.23).

Cuando usted entable esta relación personal con el Espíritu Santo, se gozará de conocerlo:

«Así dijo Jehová: No se alabe el sabio en su sabiduría, ni en su valentía se alabe el valiente, ni el rico se alabe en sus riquezas. Más alábese en esto quien se hubiere de alabar; en entenderme y conocerme, que soy Jehová, que hago misericordia, juicio y justicia en la tierra; porque estas cosas quiero dice Jehová» (Jeremías 9.23-24). Delante de su presencia conocemos que Él es luz (1 Juan 1.5). Y en su luz caminamos como hijos de luz (Efesios 5.8). Contemplamos su santidad y deseamos imitarle (1 Pedro 1.16). ¡Es tan precioso nuestro camino!

El verdadero impacto... no depende de su apariencia o capacidades humanas... La verdadera fuerza la reciben «los que esperan a Jehová... los que palpan la gloria y tienen el perfume de Cristo en sus corazones.

El ver señales y maravillas no es lo que nos cambia, ni siquiera el participar de un hermoso culto. La clave está en nuestro interior: «El que cree en mí, como dice la Escritura, ***de su interior*** correrán ríos de agua viva» (Juan 7.38, énfasis mío). Sólo el quebrantamiento y la búsqueda de Dios hacen fluir estos manantiales de vida.

Tal vez usted considere que no tiene grandes cualidades, ni carisma, pero el Señor tiene un propósito con su vida y está atento a su corazón. Está interesado en su amor. Hoy el Espíritu Santo quiere invitarlo a tomar la decisión más importante de su vida, decisión que hará posible que disfrute de un destino glorioso. Esta decisión es un compromiso, un pacto de amor con el Señor, donde usted levantará a diario sus ojos para buscarlo. El Espíritu Santo desea saciar su sed interior y llevarle a esa dimensión gloriosa donde pueda dialogar con Dios como Moisés: cara a cara. No desea otra cosa que oírle decir con pasión, con sinceridad, y con profundo amor:

¡ESPÍRITU SANTO, TENGO HAMBRE DE TI!

Printed in the USA
CPSIA information can be obtained
at www.ICGtesting.com
LVHW031036291223
767072LV00009B/27

9 780881 138559